LO QUE LOS EXITOSOS HACEN

EL MÉTODO PARA DUPLICAR TUS RESULTADOS

HÉCTOR TEME

WHITAKER HOUSE
Español

A menos que se indique lo contrario, las citas de la Escritura son tomadas de la Santa Biblia versión Reina-Valera 1960® © Sociedades Bíblicas en América Latina, 1960. Renovado © Sociedades Bíblicas Unidas, 1988. Utilizado con permiso. Reina-Valera 1960® es una marca registrada de Sociedades Bíblicas Unidas, y se puede usar solamente bajo licencia.

LO QUE LOS EXITOSOS HACEN
El método para duplicar tus resultados

ISBN: 979-8-88769-425-2
eBook ISBN: 979-8-88769-426-9
Impreso en los Estados Unidos de América

Editado por Henry Tejada Portales

Whitaker House
1030 Hunt Valley Circle
New Kensington, PA 15068
www.espanolwh.com

Por favor, envíe sugerencias sobre este libro a: comentarios@whitakerhouse.com

1 2 3 4 5 6 7 8 9 10 11 32 31 30 29 28 27 26 25

DEDICATORIA

A cada uno de los cientos de miles que entrenamos en estos años y que vemos crecer exitosamente en cada país que visitamos.

¿Haces desde la necesidad o haces desde la convicción?

No es solo hacer, sino empezar a preguntarse en un mundo cambiante si mi hacer me llevará adonde elegí, o solo cubrirá la circunstancia o situación del momento.

¿Desde dónde haces?

¿Haces desde tu visión o haces desde lo que pasa?

¿Haces solo para resolver problemas o haces para aprender y crecer en cada situación y riesgo?

¡¡¡Vamos, amigo!!!

¡Sigue haciendo! Pero detente un instante y elige hacer desde aquello ¡que te permita ir por más!

Profundicemos juntos en qué es lo que los exitosos hacen...

ÍNDICE

INTRODUCCIÓN

C*aminemos* con todos aquellos que cada día se levantan y salen a hacer.

Todavía —y lo digo con mucha pena— existen quienes salen a hacer probando, viendo si es correcto o incorrecto. Tanteando la vida como si fuera una caja de sorpresas o de un bingo.

¡Quizá hoy lo logre!
Salgo a hacer más de lo mismo,
pero a buscar resultados diferentes.
¡Alguien en este mundo cruel premiará mi perseverancia!

Han sido tantos los hombres y mujeres que escuché decir eso... y peor aún, como tienen resultados en algún área de sus vidas, no ven que aquello que hacen en otras áreas no los llevará a ser quienes eligieron ser.

Responsabilidad encomendada, multiverso, anticipación de quiebre, lenguaje generativo, etc., son temas que vimos en el libro anterior de la saga "Exitosos"; ¡es momento de llevarlo a la práctica! Es hora de hacerlo y de dejar de salir al mundo con modelos del ayer que hoy ya no tienen resultados.

El libro anterior buscó que las personas entendieran que no lograban resultados en lo que hacían tan solo por haber cambiado los sistemas de pensamiento que tenían antes de hacerlo. Ahora tengo que decirles que por más que "piensen de un modo poderoso", si eso no se lleva a la acción "de manera poderosa", solo serás una ilusión.

Hay quienes miden sus resultados por sus tácticas y no por sus estrategias; pero también están aquellos que avanzan reaccionando a la adversidad por haberse puesto en modo supervivencia. Necesitamos hacer un alto y volver a entrenarnos en pensar (como vimos en el libro anterior) y ahora en hacer de manera productiva ante un nuevo mundo, complejo, conflictivo, ambiguo e incierto.

Al fin y al cabo, lo que se ve no es solo lo que piensas sino lo que haces.

Y puedes hacerlo.

¡"Haremos proezas" comienza con HAREMOS!

Seguramente desde la mirada del ayer podemos ver la cantidad de obstáculos y presiones que este nuevo mundo trae; desde la mirada del mañana entendemos este tiempo como un cambio de época en el que hay que prepararse para ser los mejores. Y se puede. Solo tienes que saber cómo, y luego ir por ello.

El mundo ha cambiado tanto que puedes esforzarte el doble y tener la mitad de resultados, o focalizarte la mitad y tener el doble de resultados.

No solo tus acciones importan, sino cómo y por quién serán medidas.

En *Lo que los exitosos hacen* trabajaremos implementación productiva, que a pesar de los tiempos, te llevarán a duplicarte. Es tiempo de un hacer inteligente, pensando desde el futuro y con herramientas de empoderamiento. Es momento de caminar hacia un hacer productivo entendiendo los nuevos tiempos. No importan las circunstancias ni las adversidades.

NO IMPORTA YA LA CANTIDAD DE HORAS QUE TRABAJES, SINO LOS RESULTADOS QUE PRODUCES.

¡¡¡Hagámoslo!!!

Luego de desarrollar estrategias en nuestro libro anterior, ahora veremos que los exitosos tienen una manera única y especial de implementar sus ideas. En este libro te mostraré cómo los exitosos no solamente piensan de una manera, sino que cuando lo implementan, lo hacen con técnica, con enfoque y con máxima productividad; también con mediciones claras, con un aprendizaje continuo y con opciones poderosas.

Y además con una tecnica que hemos llamado la "tecnica de la cocreatividad".

Ya llegaremos allí para construir juntos los éxitos del *hacer.*

EL HACER Y CÓMO MEDIRLO

Definamos cada una de las mediciones que los exitosos piensan antes de ir por el resultado: *resultado en la gestión, resultado en la relación, resultado en la conexión, resultado en la sistematización* y *resultado en la comprensión.*

Podemos ver cómo en este tiempo los líderes están encontrando que llegan a resultados después de un enorme esfuerzo, y que este se diluye rápidamente. Llegan al resultado, sí; pero no genera lo que esperaban que sucediera.

Los líderes necesitan entender la manera de pensar de los exitosos con respecto al resultado.

Una de las cosas que más cuidan las personas exitosas es pensar cómo van a medir el resultado. No es simplemente encaminarse hacia el futuro y ver cómo nos fue, sino elegir la manera en cómo este se mide.

El resultado es el mejor aliado para tu futuro; siempre que puedas pensar del resultado como lo hacen aquellos que lo logran. Los exitosos piensan en el resultado no solo como un espacio de logros concretos, sino como un proceso de aprendizaje.

El pensar la manera en que vamos a medir el éxito antes de hacerlo es parte de los procesos que lleva a algunos a construir el futuro y a otros a reaccionar en el presente.

El resultado no es solo un hecho. En un mundo virtual, dinámico, y con modelos comunicacionales instantáneos, el resultado siempre es más que una sola cosa.

Abordaremos cómo los exitosos hacen en la era de la conexión; así como la importancia de la técnica que aquí propongo: *Conecto, Confianza, Contenido, Contexto, Contacto, Contado.*

LOS EXITOSOS PIENSAN EN EL RESULTADO NO SOLO COMO UN ESPACIO DE LOGROS CONCRETOS, SINO COMO UN PROCESO DE APRENDIZAJE.

Hoy, los resultados ya no se miden en un solo propósito. Hoy, cuando miramos a los resultados, debemos pensar antes qué tipo o cuáles resultados deseamos tener y cómo los vamos a medir: si serán resultados en la gestión, resultados en la relación, resultados en la conexión, resultados en la sistematización, resultados en la comprensión.

Puede que tengamos resultados en un área, pero como no dedicamos tiempo a pensar en ello, le restamos importancia o no vemos lo poderoso que esto puede ser; o cuando no ponemos un medidor, eso nos invita a simplemente conformarnos con lo que pueda venir.

Los grandes jugadores de deportes de élite tienen por costumbre no solo de focalizar hacia dónde quieren ir, sino además mencionarlo en el lenguaje con un acto declarativo que los haga avanzar, esforzarse. No es solo "vamos a accionar y veamos cómo nos va", sino es "vamos a hacerlo; vamos a lograr lo que hasta ahora no hemos logrado, vamos por ello".

Lo que los exitosos hacen es el nuevo modelo de la implementación para duplicar resultados en la era de la conexión.

1

ANTES DEL "HACER EXITOSO"

En el fascinante viaje del hacer exitoso, es esencial reconocer que la preparación previa es fundamental para construir una base sólida. Inspirados en la sabiduría del pasaje bíblico de Lucas 10, exploraremos los cinco pasos previos que forman el cimiento de las aptitudes necesarias para un hacer exitoso.

Durante años hemos hablado constantemente acerca de que la clave no es lo que pasa, sino cómo nos relacionamos con lo que sucede. Esto te permite vivir según tus convicciones y no de acuerdo con tus circunstancias. Vivir tus elecciones y no tus emociones; vivir tu fe y no tu adversidad. Cuando entendemos que primero debemos trabajar en uno mismo, se gana una ventaja considerable sobre aquellos que solo están caminando detrás de lo que pasa.

Lo que los exitosos hacen es relacionarse poderosamente con cada paso, con cada acción que los conduce hacia donde han elegido ir. Hay algunos pasos poderosos que debemos tener en cuenta antes de un accionar extraordinario.

PASO 1: ENFRENTANDO A LOS LOBOS

Para un hacer exitoso, al igual que los corderos enviados en medio de lobos, debemos abrazar la valentía y superar el temor. En lugar de retroceder ante los desafíos, te animo a utilizar armas espirituales, aquellas herramientas y enfoques estratégicos para obtener resultados significativos. Este paso destaca la importancia de la resiliencia y la capacidad de enfrentar las adversidades con determinación espiritual.

Ralph Waldo Emerson dijo: "Lo que está delante de nosotros y lo que está detrás de nosotros, son cosas pequeñas en comparación con lo que está dentro de nosotros". La verdadera valentía proviene de la fuerza interna, de la fe en nuestras capacidades y en el apoyo divino. Enfrentar nuestros miedos no solo nos fortalece, sino que también nos revela el poder latente que reside en nosotros. La historia nos ha mostrado repetidamente que los grandes logros nacen del coraje frente a la adversidad. Los lobos del mundo representan esas pruebas que, lejos de derrotarnos, nos forjan y nos preparan para mayores conquistas.

PASO 2: VIAJANDO LIGERO

La metáfora de no llevar bolsa, alforja ni calzado enfatiza la necesidad de liberarse de las cargas emocionales y limitaciones autoimpuestas. El hacer exitoso debe ir ligero, debemos despojarnos del temor y la duda, y permitir que nuestra autenticidad y habilidades destaquen. Este paso nos llevará a no dejar que lo que no tenemos, o nuestras emociones, nos limiten en el viaje del *coaching*.

Helen Keller dijo: "La vida es una aventura atrevida o no es nada".[1] Viajar ligero te permitirá avanzar con mayor agilidad y confianza, haciendo que cada paso sea un acto de libertad y crecimiento. Al soltar las cargas innecesarias, liberamos nuestra energía creativa y nos abrimos a nuevas posibilidades. La ligereza en

1. Hellen Keller, *The Open Door*. Nueva York: Doubleday, Doran & Co., 1957.

nuestro andar nos hace más receptivos a las oportunidades y más resistentes a los obstáculos. Al igual que un corredor que se desprende de todo peso superfluo, el emprendedor exitoso avanza sin las ataduras del pasado y las inseguridades del presente.

PASO 3: SIN DETENERSE A SALUDAR

El dolor es inevitable, pero el sufrimiento es opcional. Mantenerse enfocado en el proceso y no detenerse a saludar distracciones innecesarias es clave. Este paso subraya la importancia de no desviarse, evitando caer en el sufrimiento causado por juicios externos. Es crucial mantener la concentración en el proceso del hacer exitoso y no dejar que las distracciones desvíen el camino.

Steve Jobs dijo: "Tu tiempo es limitado, no lo desperdicies viviendo la vida de alguien más".[2] Mantén tu enfoque y avanza hacia tus objetivos sin permitir que las distracciones te detengan.

La clave está en la perseverancia y en mantener una visión clara de tus metas. En un mundo lleno de ruidos y voces que intentan desviarnos, la concentración es nuestro mejor aliado. La capacidad de discernir lo esencial de lo trivial es lo que distingue a los verdaderos triunfadores. Cada minuto invertido en nuestras metas es un paso firme hacia el éxito, mientras que cada momento de distracción es una oportunidad perdida.

PASO 4: RODEARSE DE PODER

Rodéate de personas poderosas y de buena reputación. El hacer exitoso implica que busques entornos que te empoderen y nutran tu crecimiento. Este paso destaca la importancia de rodearse de

---

2. Steve Jobs, "Discurso de graduación en la Universidad de Stanford", 12 de junio de 2005.

una red de apoyo positiva y constructiva para impulsar el proceso de hacer exitoso el camino.

Jim Rohn dijo: "Eres el promedio de las cinco personas con las que pasas más tiempo". Asegúrate de rodearte de personas que te inspiren y te motiven a ser mejor. La influencia positiva de tu entorno puede marcar la diferencia entre el éxito y el estancamiento. Al rodearnos de personas que comparten nuestra visión y valores, potenciamos nuestras fortalezas y mitigamos nuestras debilidades. El poder de una comunidad solidaria es inigualable; nos brinda apoyo en momentos de duda y celebración en tiempos de victoria.

PASO 5: MANTENERSE EN UN LUGAR

No mudarse de una casa a otra simboliza la necesidad de mantenerse firme y no cambiar. Cada casa representa un proceso, y es crucial completar uno antes de embarcarse en otro. Este paso enfatiza la importancia de la continuidad y la finalización adecuada de los procesos del hacer exitoso antes de pasar a nuevos desafíos.

Henry Ford dijo: "El fracaso es simplemente la oportunidad de comenzar de nuevo, esta vez de forma más inteligente". Mantente firme y sigue adelante, completando cada proceso con determinación. La perseverancia y la dedicación son esenciales para alcanzar el éxito. La constancia en nuestros esfuerzos asegura que las raíces de nuestros logros sean profundas y duraderas. Al completar cada etapa con integridad, preparamos el terreno para futuras victorias. Cada paso firme consolida nuestra confianza y nos prepara para enfrentar nuevos retos con mayor fortaleza y sabiduría.

Estos cinco pasos previos a la técnica no solo son aptitudes fundamentales para el hacer exitoso, sino también cimientos esenciales para construir una práctica cotidiana exitosa. Al abrazar la valentía, viajar ligero, mantener el enfoque, rodearse de poder y permanecer en un lugar, el hacer exitoso establece las bases para crear impacto y transformación significativos en la vida.

EL FRACASO ES SIMPLEMENTE LA OPORTUNIDAD DE COMENZAR DE NUEVO, ESTA VEZ DE FORMA MÁS INTELIGENTE.

Winston Churchill dijo: "El éxito no es definitivo, el fracaso no es fatal: lo que cuenta es el valor para continuar". En cada paso de tu viaje hacia el éxito, recuerda que la perseverancia, la fe y la determinación son tus aliados más poderosos. Al seguir estos principios, estarás mejor preparado para enfrentar cualquier desafío y transformar tu visión en realidad. El camino hacia el éxito no es un destino, sino un viaje continuo de aprendizaje y crecimiento. Con cada paso firme y decidido, forjarás no solo tu camino, sino también tu legado.

2

SOSTENIENDO RESULTADOS DURADEROS

En el camino hacia el éxito, muchas personas logran resultados rápidos, pero esos logros se desvanecen con la misma rapidez con que llegaron. La razón principal es que no han desarrollado una manera de ser que les permita sostener esos resultados. En nuestra experiencia entrenando a cientos de miles de personas, hemos identificado una técnica que garantiza el éxito continuo y duradero.

UNA NUEVA MANERA DE SER

Ya no es necesario andar por la vida a tientas, reaccionando a los eventos y buscando un toque de suerte. El camino hacia el éxito no se basa solo en el esfuerzo, debemos elegir cocrear con Dios el mundo en el que deseamos vivir. Como dijo Albert Einstein: "No podemos resolver nuestros problemas con el mismo nivel de pensamiento que usamos cuando los creamos".[3] La clave está

3. Einstein, Albert, citado en numerosas fuentes secundarias sobre innovación y resolución de problemas, aunque no se ha encontrado en sus obras publicadas originales.

en transformar nuestra manera de pensar antes de transformar nuestra manera de actuar.

Al comienzo de este milenio, mi esposa y yo comenzamos proporcionando herramientas lingüísticas y competencias conversacionales. Ayudábamos a la gente a relacionarse con los juicios y a diseñar un futuro. Sin embargo, con el tiempo, veíamos que estos logros se diluían. Fue entonces cuando diseñamos el "MÉTODOCC", una técnica que aborda tanto la mentalidad como las acciones necesarias para un éxito duradero.

EL CAMBIO COMIENZA EN LA MENTE

Muchos nos preguntan: "¿Por qué no nos diste esto primero?". La respuesta es simple: *se necesita trabajar primero la manera de pensar antes de trabajar la manera de hacer.*

Por eso te invito a leer *Lo que los exitosos piensan*, *Punto de partida* y *Logra lo extraordinario*, así estarás mejor equipado para lo que viene. Estos textos te ayudarán a incorporar nuestras técnicas de manera más profunda.

Como dijo Henry David Thoreau: "Las cosas no cambian; cambiamos nosotros".[4] Para lograr un cambio real, debemos empezar a entender que Dios diseñó verbos maestros para nuestra vida, que Él nos dio talentos y designios, y que los sustantivos pueden cambiar conforme a su voluntad para nuestra vida. Este entendimiento viene en un paquete completo: MISIÓN-VISIÓN-UNCIÓN. Al respecto, Zig Ziglar nos dice: "El éxito no es un destino, es un viaje".[5]

---

4. Henry David Thoreau, *Walden: Or, Life in the Woods*. Boston: Ticknor and Fields, 1854.
5. Zig Ziglar, *Over the Top: Moving from Survival to Stability, from Stability to Success, from Success to Significance*. Nashville: Thomas Nelson, 1994.

CISTERNAS ROTAS Y LA FUENTE DE AGUA VIVA

Sabiendo que Dios cubre lo que estás haciendo, cualquier herramienta que uses sin esta base se te va a diluir. Jesús dijo: "Todo lo que pidiereis en oración, creyendo, lo recibiréis" (Mateo 21:22).

Esto no significa que ser positivo sea suficiente. Muchos cristianos creen que solo por ser positivos lograrán todo, pero no se dan cuenta de que están cambiando el modelo de Dios. Él diseñó al hombre con la posibilidad de que en el centro de él mismo esté la presencia de Dios, del mismo modo que en el Santísimo de los Santísimos estaba ese fuego encendido que representa la presencia del Dios vivo. Cada uno de nosotros, que hoy somos templo del Dios viviente, debe llevar la presencia de Dios en su interior.

Hemos sido llamados a que Dios llene nuestro interior, a que permanezcamos en Él, a que nos perfeccione y nos complete de una manera especial. Sin embargo, cuando creemos que podemos cambiar todo por nuestra cuenta, sacamos a Dios del centro de nuestra vida y nos ponemos a nosotros mismos en su lugar.

LA HISTORIA DE LA PIEDRA

He conocido a muchos que han aplicado principios y herramientas, y con el tiempo venían más vacíos que antes, porque estas herramientas les hicieron creer que ellos solos lo podían lograr. La Biblia llama a esto "cisternas rotas que no retienen agua". Son como tanques de agua con fisuras, que se les va yendo el agua poco a poco. Una historia ilustra esta verdad: Dios llama a un hombre y le dice: "Quiero que empujes esta piedra"; el hombre, al ver que la piedra es inmensa, se pregunta cómo podrá moverla, pero obedece y comienza a empujarla. Día tras día, durante un año entero, empujói la piedra sin moverla ni un centímetro. Finalmente, frustrado, le dice a Dios: "¡He empujado esta piedra durante un año y no la he movido en absoluto!". Y Dios le respondio: "¿Quién te dijo que yo quería que movieras la piedra? Yo solo quería que la empujaras. Mira tus brazos cómo han crecido, ¿recuerdas tu asma? Ahora respiras mejor". La clave no es mover la piedra, sino empujarla.

En el proceso nos hacemos más fuertes y aprendemos valiosas lecciones. Como dijo Thomas Edison: "No he fallado. He encontrado diez mil maneras que no funcionan".[6]

LA TÉCNICA DE LA COCREATIVIDAD

Después de años trabajando con técnicas del mundo del *coaching*, hemos crecido y madurado. Ahora, con el MÉTODOCC, ofrecemos una técnica que llamamos "la Técnica de la Cocreatividad". Esta técnica no se basa en la creencia de que podemos crear un mundo diferente por nuestra cuenta, sino en la creencia de que podemos cocrear con Dios un mundo diferente.

El diseño de Dios desde el comienzo era que el hombre y la mujer cocrearan con Él, que le pusieran nombre a lo creado. Esto no significaba "anda y haz lo que quieras", sino "dale identidad, ayúdalo a través del lenguaje a generar un mundo diferente". Los ángeles no tienen la capacidad de participar con Dios en algo tan bello como la creación. Dios nos dio esta posibilidad de ser cocreadores con Él.

---

6. Thomas Edison, citado en numerosas fuentes secundarias sobre perseverancia y éxito.

LA LEY DE LA CREENCIA

A aquellos que creen que pueden ser el centro de sus vidas y atraer todo con la mente, les decimos: ¡Embusteros, con nosotros no jueguen! Dios creó la ley de la creencia igual que la ley de la gravedad. Es hora de que los cristianos no solo estemos listos, sino también preparados y firmes para mostrarle al mundo que somos la reserva moral de la humanidad, que tenemos principios y valores, que podemos influir en nuestros medios, y que sabemos sonreír y disfrutar de la vida.

Con la Técnica de la Cocreatividad, nos movemos más allá de simplemente aplicar herramientas. Nos enfocamos en transformar nuestra manera de ser y pensar, alineándonos con la voluntad de Dios. Este enfoque integral nos lleva no solo a lograr resultados extraordinarios, sino también a vivir una vida llena de propósito y bendición.

Como dijo Viktor Frankl: "Cuando ya no podemos cambiar una situación, tenemos el desafío de cambiarnos a nosotros mismos".[7] En el viaje hacia el éxito duradero, abrazamos la transformación interior, cocreamos con Dios y dejamos que su presencia llene cada aspecto de nuestra vida.

7. Viktor E Frankl, *El hombre en busca de sentido*. Traducido por José Manuel Álvarez Flórez, 1ª ed., Barcelona: Herder, 1991.

3

¿QUÉ ES LA TÉCNICA DE LA COCREATIVIDAD?

La Técnica de la Cocreatividad es para aquellos que deciden ir más allá de lo convencional: es el arte de hacer de manera exitosa. Es un modelo mediante el cual los que buscan lo extraordinario en su hacer, lo logran permitiendo mantener todo el proceso centrado en la voluntad de Dios.

Como dijo Albert Schweitzer: "El éxito no es la clave de la felicidad. La felicidad es la clave del éxito. Si amas lo que estás haciendo, serás exitoso".[8]

LA BELLEZA DE CAMINAR CON DIOS

Hacer de manera exitosa, y hacerlo conforme a la voluntad de Dios para tu vida, es lo más maravilloso que te puede suceder. También puedes usar está técnica del hacer exitoso, o como la llamamos en el MÉTODOCC: la Técnica de Cocreatividad para asistir a otras personas en su caminar conforme a la voluntad de Dios. Creo que este es el mejor uso. Y si te has certificado como *coach* cristiano, es una de las cosas más maravillosas que

8. Albert Schweitzer, citado en numerosas fuentes secundarias sobre éxito y felicidad.

puedes hacer. Ya sea que estés ayudando a alguien a caminar en su empresa, en su fe, en su relación con Dios, en su iglesia o donde Él esté, la Técnica de la Cocreatividad va más allá de la acción. Nos hacemos diversas preguntas: desde el tipo de observador que es, sus emociones, modelos mentales, cultura, biología e historia, para profundizar en lo que realmente tiene a la persona. ¿Cuáles son aquellos pensamientos, ideas, opiniones y valoraciones que consideras transparentes y que forman parte de tu vida cotidiana?

EL PODER DE LA VISIÓN

Mientras trabajas el hacer exitoso, ayudas a enunciar una visión clara, buscando que esta visión tenga metas, objetivos, resultados y logros; pero buscando también que este enunciado contenga realmente la esencia de la visión.

Como dijo Antoine de Saint-Exupéry: "Si quieres construir un barco, no reúnas a los hombres para que recojan madera y asignen tareas. En su lugar, enséñales a anhelar el vasto e interminable mar".[9]

Esta visión debe alinearse con la voluntad de Dios para tu vida, y deja de lado las excusas y justificaciones del pasado.

ENFRENTANDO LOS DISPARADORES AUTOMÁTICOS

Cada vez que elegimos caminar hacia un futuro poderoso, cada vez que buscamos centrarnos con la voluntad de Dios para nuestras vidas, cada momento que queremos cruzar la valla de la desidia o de la excusa, aparecerán en nuestra mente dos jugadores protagonistas que buscaran impedirnos que vayamos hacia ese

9. Atribuido a Antoine de Saint-Exupéry.

futuro: *los disparadores automáticos y los calmantes defensivos.* Los disparadores automáticos son un acto reflejo con los que el cuerpo se defiende. Sí, el cuerpo está diseñado para defenderse. Cada célula de tu cuerpo fue diseñada para buscar la sanidad. Lo mismo pasa con tu mente. Cuando tú quieres sacarla de su zona de confort, aparecerán juicios, opiniones y valoraciones del ayer. Los disparadores automáticos surgen, y no podrás impedir que aparezcan. Cuando uno no tiene definido un futuro o compromisos claros que indiquen hacia dónde ir, estos disparadores se adueñan de uno y nos jalan hacia el ayer. Debemos tomar conciencia de que aparecerán. Los hacedores exitosos saben que vendrán, y están preparados para trabajar con ellos.

La Técnica de la Cocreatividad invita a que estos disparadores no nos dominen. Presta atención a cuantos pensamientos vienen y te dicen que vayas a hacer otra cosa, o que atiendas las redes, o te ocupes de alguna tarea especifica. La mente vive bombardeada por estos disparadores que buscan sacarte de lo importante y llevarte a otro lugar. Algunos lo llaman también "análisis por parálisis". En un mundo de tanta información, los disparadores automáticos tienen diversas y complejas fuentes, que buscarán que no te comprometas con tu hacer exitoso, que no seas productivo, que te detengas en la distracción, en el análisis exagerado, y que no vayas hacia aquello que deseas ir.

También está otro de los jugadores presentes en el comienzo de una acción, y que ya fue mencionado líneas atrás: los "calmantes defensivos". El cuerpo también está diseñado para acomodarse, para decirnos "está bien, no vayas por más". El cuerpo está constantemente generando calmantes defensivos que buscan hacernos sentir bien. "Sí, lo estás haciendo bien", "Sí, eres una buena madre", "Sí, eres un buen padre", son pensamientos comunes.

EL ÉXITO VIENE EN EL CONTEXTO DE LA FE, DE LA PREPARACIÓN, DEL COMPROMISO Y DE VIVIR EN EL PROPÓSITO.

El caminar hacia ese futuro implica dejar de darle poder a los disparadores automáticos y a los calmantes defensivos, y comenzar a darle poder a tu visión, a tu compromiso, a quien elegiste ser, al propósito de Dios en tu vida.

Y para esto existe la Técnica de la Cocreatividad, de modo que cuando tengas estos paralizadores o pensamientos distractores, puedas enfocarte, ir por tu objetivo y lograrlo. Y si estabas por continuar con este libro después, este es un buen momento para apagar el teléfono, para avisarle a todo el mundo que vas a tomarte un tiempo para ti, para crecer. Este libro bien puede ser esa ventana a través de las cual puedas ir hacia ese futuro soñado.

Los hacedores exitosos se preparan para lograrlo. El éxito viene en el contexto de la fe, de la preparación, del compromiso y de vivir en el propósito.

MADUREZ RELACIONAL Y RESPONSABILIDAD

Hay un modelo en *Logra lo extraordinario*[10] que llamamos "El proceso de madurez relacional". A veces las personas hacen todo

10. Héctor Teme, *Logra lo extraordinario,* MétodoCC Editores.

lo que deben hacer, diseñan la visión, y avanzan hacia el futuro con poder, pero su nivel de madurez relacional es bajo. Solo piensan en sí mismas. Diseñar la visión implica hacerse cargo de la brecha, aprender cuál es la responsabilidad encomendada y trabajar con conversaciones que conduzcan al objetivo, con habilidades para incorporar, observaciones agudas y acciones poderosas.

LA DIFERENCIA ENTRE ENUNCIAR Y DECLARAR

Dirigirse hacia el éxito implica tomar el camino correcto. Tú puedes estar haciendo, pero sin los frutos o resultados que los exitosos tienen.

Lo primero que debemos asentar es la diferencia entre *enunciar* y *declarar*. Es importante distinguir entre los tipos de lenguaje: descriptivo, declarativo, indagativo, valorativo, imperativo y generativo.

El enunciado es la construcción del contexto, mientras que la declaración es el compromiso.

Resulta importante tener primero un lenguaje generativo que nos permita pensar, soñar, crear. La declaración nos invita a hacer, pero muchas veces se convierte en reacción o en un acto declarativo inválido. Un espacio generativo nos llevará hacia nuevos lugares.

CONSTRUYENDO CONTEXTOS CON LENGUAJE GENERATIVO

El lenguaje generativo crea contextos. Cuando no tengo autoridad sobre algo, no uso lenguaje declarativo. Primero enuncio la visión y luego declaro el compromiso. Esto permite ir hacia el futuro, eligiendo quién quiero ser o hacia dónde quiero ir. El compromiso se declara, y así comienzan los niveles conversacionales.

EL PROCESO COMPLETO DE LA TÉCNICA DE LA COCREATIVIDAD

Durante todo este libro serás acompañado en un proceso poderoso.

Me gusta decirle a mis *coaches,* o a las organizaciones que atendemos, que siempre que vayan hacia el futuro —sea en una pequeña acción o en una grande— lleven adelante cuatro pasos.

1. La *hoja de ruta* que se usará.
2. *Quién o quiénes son los responsables* de llevarlo a cabo.
3. *Timeline,* el tiempo dedicado y agendado.
4. *Medidores,* saber cómo se medirá el éxito.

Estos cuatro puntos son fundamentales para caminar hacia el logro. La Técnica de la Cocreatividad es la hoja de ruta. Tú eres responsable, debes hacerte cargo para que esto que lees se haga parte de su vida. El *timeline* es el tiempo que pondrás o dispondrás para que lo que hagas no se diluya, tenga éxito y permanezca; y los medidores indicarán cuánto has entendido, cuánto has aplicado, y qué logros extraordinarios están visibles en tu vida cotidiana.

Empecemos definiendo los títulos de la hoja de ruta, para luego meternos de lleno en cada uno de los pasos que la técnica tiene.

1. **Enunciar la visión.** Ayudamos al *coachee* a trabajar su misión mientras declaramos el compromiso y

enunciamos la visión. La visión es el punto de partida que alinea la misión y ayuda a ver lo que no se veía antes.

2. **Declarar el compromiso.** Después de diseñar la visión, declaramos el compromiso. Esto implica sostener la declaración con acciones diarias comprometidas y estructuradas con respecto a la visión.
3. **Revisar la visión.** Consideramos el tipo de observador que somos y revisamos los modelos mentales. La visión debe ser dinámica y alinearse con la misión.
4. **Considerar el tipo de observador.** Evaluamos cómo el *coachee* percibe el resultado extraordinario que busca. Es posible transformar el tipo de observador que somos al intervenir en los dominios de lenguaje, emoción y cuerpo.
5. **Revisar los modelos mentales.** Los modelos mentales son supuestos profundamente arraigados que influyen en cómo entendemos el mundo. Debemos revisar estos modelos y adaptarlos para alinearnos con la visión.
6. **Profundizar en los juicios maestros.** Identificamos y trabajamos los juicios maestros que limitan al *coachee*. Estos juicios son opiniones profundamente arraigadas que condicionan nuestras acciones.
7. **Realizar observaciones desde la visión.** Identificamos acciones que permitan reducir la brecha entre quiénes somos y quién elegimos ser.
8. **Tener conversaciones conducente.** Nos comprometemos a que todas nuestras conversaciones nos conduzcan hacia la visión.

9. **Declarar contingencias.** Diseñamos un plan de contingencia para estar preparados ante cualquier circunstancia que surja en el camino hacia la visión.
10. **Incorporar habilidades.** Desarrollamos nuevas habilidades necesarias para alcanzar la visión.
11. **Realizar acciones poderosas.** Realizamos acciones que nos distingan y que nos lleven hacia nuevos lugares de entendimiento y desafío.
12. **Medir los logros.** Medimos los logros, metas y resultados en el aprendizaje para asegurarnos de que estamos en el camino correcto.

COCREAR CON DIOS

La Técnica de la Cocreatividad nos enseña que no podemos crear un mundo diferente solos, pero podemos cocrear con Dios un mundo diferente.

Muchos tienen herramientas, talentos y contextos poderosos, pero quieren hacerlo solos. Y llegan al éxito con mucho esfuerzo; pero luego ven cómo ese éxito se diluye. Anímate a cocrear con Dios el futuro en el que quieres vivir, y descubre dónde Él tiene un propósito para tu vida. Desde el comienzo, Dios diseñó que el hombre y la mujer cocrearan con Él. Nuestra misión es ayudar a las personas a enunciar su visión, declarar su compromiso y trabajar en el proceso de cocreación con Dios.

EL VALOR DE LA PRESENCIA DE DIOS

Con la Técnica de la Cocreatividad, transformamos nuestra manera de ser y pensar, alineándonos con la voluntad de Dios.

Este enfoque integral nos lleva a lograr resultados extraordinarios y a vivir una vida llena de propósito y bendición.

Como dijo Ralph Waldo Emerson: "Lo que está delante de nosotros y lo que está detrás de nosotros son cosas insignificantes comparadas con lo que está dentro de nosotros".

En este viaje hacia el éxito, abrazamos la transformación interior, cocreamos con Dios y dejamos que su presencia llene cada aspecto de nuestra vida.

4

CÓMO APLICAMOS LA TÉCNICA DE LA COCREATIVIDAD

Una de las cosas más poderosas que ha hecho el MÉTODOCC en el mundo, es que no solo mostramos recursos y distinciones, sino que antes te decimos: "Descubre quién eres para luego elegir quién quieres ser". Creo seriamente que este es el secreto del hacer exitoso.

La gran mayoría de las organizaciones que se están dedicando a ayudar a otros, les dan recursos y principios. Y esto está muy bien. Sin embargo, todo eso se diluyen porque las personas le dan más poder a lo que pasan y a lo que sienten, en lugar de prestarle atención a *cómo se relacionan* con lo que pasan y con lo que sienten. A principios de este milenio, lo que dábamos eran recursos lingüísticos y capacidades conversacionales. Ayudábamos a la gente a relacionarse con los juicios, a diseñar un futuro. Aun así, a los pocos meses veíamos que las enseñanzas se les diluían, y ahí fue cuando diseñamos el MÉTODOCC. Quienes han llegado a experimentarlo, nos han dicho: "Nos hubieran dado esto al comienzo, así podríamos aplicarlo". No obstante, antes que todo, debes cambiar la manera de ver.

En el capítulo 2 mencionamos que Dios diseñó verbos maestros para nuestra vida, que nos dio talentos y designios, y que los sustantivos pueden ir cambiando conforme a su voluntad. Recuerda, esto viene con un paquete completo: Generación-Misión-Visión-Unción, y a esto debemos añadir que Dios cubre lo que estamos haciendo. Por lo tanto, cualquier recurso sin esta esencia se va a diluir. ¿Por qué? Porque una de las cosas que tenemos que llevar como abanderados cristianos en este tiempo es salir a la calle y empezar a testificar ante el mundo. Debemos contarle a la gente que cuando la Biblia dice: *Todo lo que pidiereis en oración, creyendo, lo recibiréis* (Mateo 21:22), no se refiere a que si eres hiperpositivo, vas a poder lograr lo que te propongas y podrás controlar todo lo que se te dé la gana. Así andan muchísimas personas, muchísimos cristianos, creyendo que les bastará con solo ser positivos; sin embargo, en la aplicación de los principios se quedan cortos en su hacer. Sin embargo, de lo que no se dan cuenta es que están cambiando el modelo divino. El énfasis en el versículo está en la oración, no en creer. *Todo lo que pidieres en oración, creyendo lo recibiréis.*

Cuando tú oras y crees firmemente en aquello que oras, pones a Dios en el centro de tu vida y vas a Él con convicción.

Dios creó al ser humano con la posibilidad de que en su mismo centro esté su presencia, al igual que en el Lugar Santísimo estaba ese fuego encendido que representaba la presencia del Dios vivo. Cada uno de nosotros, que hoy somos templo del Dios viviente, debe llevar la presencia del Dios vivo. Y cada uno de nosotros, que hoy somos templo del Dios viviente, debe llevar la presencia de Dios en su interior. Tenemos el llamado a que el

Todopoderoso llene nuestro ser, a que estemos plenos en Él, a que nos perfeccione y nos complete de una manera especial.

No obstante, cuando vengo del positivismo, cuando creo que yo mismo voy a poder cambiarlo todo, lo que estoy haciendo es sacar a Dios del centro de mi vida a fin de ponerme a mí mismo allí. Esto surge de la gran cantidad de *coaching* secular que actualmente existe. Este ayudará a que apliques recursos y distinciones que harán que te vaya bien por un tiempo; sin embargo, luego las cosas se te irán de las manos.

Lo que los exitosos hacen es comprender que el poder proviene del Altísimo, no de uno mismo; que nuestras fuerzas en el hacer en un mundo de cambio constante se diluyen rápidamente, y que hay que buscar una fuente constante... y solo Dios puede hacer eso en nosotros.

Existen algunos solo van por el mundo de resultado en resultado. ¿Recuerdas como la Biblia llama a esto? Lo mencionamos en el capítulo 2: "cisternas rotas que no retienen agua" (Jeremías 2:13). Son como tanques de agua con fisuras, donde es inevitable que el agua se les vaya poco a poco. He conocido a muchos que han aplicado principios y recursos, pero que con el tiempo han quedado más vacíos que antes. Eso se debe a que les hicieron creer que solo con estos recursos podían lograrlo, de modo que no se daban cuenta que este era el engaño más sutil de estos tiempos: sacar a Dios del medio y que nos pongamos nosotros mismos en ese lugar privilegiado. Cuando hacemos esto nos damos cuenta de nuestra incompetencia. Es como querer poner un cuadrado dentro de un triángulo... ¡no se puede! Entonces queremos llenar ese vacío con cosas y empezamos a ser mejores en el trabajo, así que cada vez nos va mejor, y cada vez queremos más porque es una sed insaciable que Dios creó, pero para que Él sea el centro de nuestras vidas. Por eso no tenemos mejor mensaje para decirle a la gente que este: "Deja de tener cisternas rotas y empieza a vivir con Aquel que es fuente de agua viva. Permite que esa fuente nutra tu vida en cada momento y situación".

LO QUE LOS EXITOSOS HACEN ES COMPRENDER QUE EL PODER PROVIENE DEL ALTÍSIMO

Por consiguiente, es muy importante que desarrolles tu manera de mirar, que te percates quién eres en Dios, y que te mantengas alineado con Él. Luego puedes añadir los recursos, y lo más probable es que con esto no solo logres el resultado extraordinario, sino que este resultado venga con la bendición de Dios al notarse en tu rostro. Entonces la gente sabrá que estás haciendo *Lo que los exitosos hacen*.

Llegó el momento de salir y mostrarle a la gente que ser cristiano es lo mejor que le puede suceder. La Técnica de la Cocreatividad es una herramienta poderosa que nos permite alinear nuestra vida con la voluntad de Dios y lograr resultados extraordinarios en todos los aspectos de la vida. Con esta técnica no solo lograrás tu objetivos, sino que también vivirás una vida llena de propósito y bendición. Comienza a cambiar tu vida mientras distingues nuevas maneras de hacer, de tal modo que este hacer se mantenga y no se diluya.

LOS DOCE PASOS DE LA TÉCNICA DE LA COCREATIVIDAD

5

PASO 1: ENUNCIA LA VISIÓN

Si eres de los que les gusta primero hacer un vuelo rasante por todo el contenido de un libro, este capítulo es para ti. La Técnica de la Cocreatividad fue diseñada como 12 pasos que te llevan al éxito. Si llevas a cabo esta técnica paso por paso, sin dejar de lado ninguno y de manera consecutiva, verás que tu vida cambiará para siempre y tu relación con el hacer será más que poderosa.

Analicemos en detalle cada uno de los pasos.

ENUNCIAR ES MÁS QUE PROCLAMAR DESEOS

En el vasto y emocionante terreno de lo que los exitosos hacen, el primer paso de la Técnica de la Cocreatividad es enunciar la visión. Este acto inicial es la piedra angular sobre la cual se construye todo el proceso de transformación y crecimiento. Enunciar la visión es más que simplemente expresar deseos; es una declaración poderosa que dirige y define el camino hacia un futuro deseado y extraordinario. Al enunciar la visión la traemos a nuestra vida cotidiana, comenzamos a verla, podemos revisarla y generarla.

EL PODER DEL LENGUAJE

El poder del lenguaje radica en su capacidad para transformar realidades. Al enunciar la visión, comenzamos a poner en palabras el lugar a donde el *coachee* elige ir. Este acto de verbalización ayuda a diluir los juicios limitantes y a abrir nuevas posibilidades. Preguntas como "si tuvieras el éxito asegurado, ¿qué harías?" o "si todo te fuera bien, ¿qué harías?", permiten al *coachee* explorar sus verdaderos deseos y aspiraciones.

"Lo que no está en tu lenguaje no existe". Esta afirmación resuena profundamente en el ámbito de lo que los exitosos hacen. Al hablar de sus sueños y objetivos, el *coachee* empieza a darles forma y a hacerlos parte de su realidad. Es en este punto donde la transformación comienza, al dejar de mirar hacia atrás y enfocarse en el presente y el futuro.

LA MIRADA HACIA EL FUTURO

> "Dios diseñó nuestros cuerpos y sus emociones para que estos se alineen con nuestra mirada y nuestros pensamientos. Si estás mirando hacia el mañana, todo en tu ser te ayudará y te conducirá hacia allí. No importan las circunstancias, no importan las situaciones, ni siquiera importa tu historia; importan tu fe y tu visión en un futuro extraordinario por vivir". (*Emociones que conducen al éxito* por Héctor Teme)

Una visión poderosa debe ser extraordinaria, más grande que uno mismo; y para alcanzarla, es necesario transformar la manera de ser. La visión procede del futuro, pero se vive en el presente.

No es solo un objetivo distante, sino una forma de ser y de ver el mundo.

UNA VISIÓN PODEROSA DEBE SER EXTRAORDINARIA, MÁS GRANDE QUE UNO MISMO; Y PARA ALCANZARLA, ES NECESARIO TRANSFORMAR LA MANERA DE SER.

COMPONENTES DE LA VISIÓN

Una visión clara debe contener varios elementos esenciales:

- *Objetivo:* el lugar al cual llegar. Es un aspecto de la visión, pero no es la visión en sí misma.
- *Meta:* el factor cuantificable del objetivo.
- *Logro:* el aprendizaje adquirido en el proceso.
- *Resultado:* el cumplimiento al final del proceso.

> "La diferencia entre visión y objetivo radica en que el objetivo está allá lejos, fuera de mí, y la visión no solo se convierte en el lugar donde estaré, sino en mi mirada, en mi manera de ser, en la forma que elijo mirar el camino por donde voy a transitar". (*Logra lo extraordinario,* por Héctor y Laura Teme)

DISEÑO DE UNA VISIÓN PODEROSA

El poder de la visión radica en que es el futuro diseñado hoy, el futuro deseado. Es la fotografía de uno mismo, del equipo o de la organización en un tiempo determinado. Para diseñar una visión poderosa debemos preguntarnos: ¿Qué estoy dispuesto a crear y lograr?

Un ejercicio de reflexión para enunciar la visión podría ser: *Suponiendo que cada cosa que elijas se cumplirá y que tuvieras el éxito asegurado en todo lo que describas, ¿dónde estarías de aquí a un año en lo personal, espiritual, familiar y laboral?*

ECUACIÓN DE LA VISIÓN: SUEÑO + PASIÓN + ACCIÓN = VISIÓN

Para ayudar a tu *coachee* a enunciar la visión, puedes hacerle preguntas como:

- ¿Cuál es tu sueño?
- ¿Qué te apasiona hacer?
- ¿Quién quieres ser en un determinado plazo?
- ¿Qué te mueve a la acción?
- ¿Cuál sería un logro extraordinario para ti en ese tiempo?

IMPORTANCIA DE ENUNCIAR LA VISIÓN

Enunciar la visión claramente es fundamental para el éxito del proceso de *coaching*. Si no tenemos una visión clara, estaremos trabajando a tientas, como si camináramos en la oscuridad. La visión proporciona dirección y propósito, y es el faro que guía cada acción y decisión.

> "El poder de la visión está en que es el futuro diseñado hoy, el futuro deseado. Se trata de la fotografía de uno mismo, del equipo u organización en un determinado tiempo". (Héctor Teme)

Enunciar la visión es el primer y crucial paso de la Técnica de la Cocreatividad. Es el momento en que se declaran los sueños y se comienza a darles vida a través del lenguaje. Es el punto de partida hacia un futuro extraordinario, lleno de propósito y bendición. En este viaje de cocreación con Dios, cada palabra, cada declaración y cada compromiso nos acercan más a la realización de nuestra visión, permitiéndonos vivir una vida plena y significativa.

PREGUNTAS DE DIAGNÓSTICO

1. ***¿Cuál es tu visión actual para tu vida personal, espiritual, familiar y laboral?***
   » Esta pregunta busca entender la claridad y alcance de la visión del *coachee* en diferentes aspectos de su vida.
2. ***¿Qué obstáculos o limitaciones percibes que te impiden enunciar y perseguir tu visión?***
   » Ayuda a identificar barreras internas y externas que pueden estar bloqueando el proceso de enunciación de la visión.
3. ***¿Cómo describes tu relación actual con el lenguaje y su poder para transformar tu realidad?***
   » Evalúa el entendimiento del *coachee* sobre cómo el lenguaje puede influir en su capacidad para enunciar y alcanzar su visión.

4. ***¿Qué experiencias pasadas han moldeado tu percepción sobre tus sueños y aspiraciones?***
   - » Permite explorar cómo el pasado del *coachee* ha influido en su presente y en su visión del futuro.
5. ***¿Qué importancia le das a tener una visión clara en tu vida y cómo crees que esto impacta tus decisiones diarias?***
   - » Mide la percepción del *coachee* sobre la relevancia de una visión clara en su vida cotidiana y en su proceso de toma de decisiones.

PREGUNTAS DE *COACHING*

1. ***Si tuvieras el éxito asegurado, ¿qué visión específica enunciarías para tu vida en los próximos cinco años?***
   - » Esta pregunta invita al *coachee* a soñar sin limitaciones y a definir una visión audaz y clara para su futuro.
2. ***¿Cómo puedes utilizar el poder del lenguaje para transformar tu visión en una realidad tangible?***
   - » Fomenta la reflexión sobre cómo verbalizar y comunicar la visión puede influir en su realización.
3. ***¿Qué acciones concretas puedes tomar hoy para comenzar a alinear tu vida con la visión que has enunciado?***
   - » Ayuda al *coachee* a identificar pasos prácticos y realizables para avanzar hacia su visión.

4. ***¿Qué cambios en tu manera de ser y en tu perspectiva necesitas hacer para vivir de acuerdo con tu visión?***
   » Promueve la introspección sobre las transformaciones personales necesarias para vivir conforme a su visión.
5. ***¿Quién o qué puede ser tu apoyo en este proceso de enunciación y realización de tu visión, y cómo puedes involucrarlos?***
   » Motiva al *coachee* a identificar y utilizar recursos y redes de apoyo para fortalecer y alcanzar su visión.

6

PASO 2: DECLARA EL COMPROMISO

En el sendero hacia el éxito, después de diseñar y enunciar la visión, nos encontramos con el siguiente paso crucial: declarar el compromiso. En este segundo paso es donde la visión se convierte en una promesa tangible, un pacto con uno mismo que requiere acción, dedicación y una voluntad inquebrantable.

DE LA VISIÓN AL COMPROMISO

La visión, por grandiosa y motivadora que sea, necesita ser anclada en la realidad a través del compromiso. Muchas personas sueñan en grande, pero al enfrentarse a la magnitud de sus sueños, se sienten abrumadas. Se convierten en "licenciados en justificaciones", hallando excusas para no avanzar. Sin embargo, el verdadero poder de la visión se activa cuando se declara el compromiso.

> "No se puede cruzar un abismo en dos saltos pequeños". —David Lloyd George[11]

Esta cita ilustra la necesidad de compromiso total y absoluto. No basta con tener una visión; es imprescindible comprometerse

11. David Lloyd George, citado en numerosas fuentes secundarias sobre liderazgo y decisiones audaces.

con ella. Declarar el compromiso es como buscar el quiebre que nos lleve a actuar en concordancia con la visión.

EL COMPROMISO EN EL LENGUAJE

Declarar el compromiso implica una declaración en el lenguaje que sostenemos con acciones. Es táctico porque requiere acciones diarias, comprometidas y estructuradas con respecto a la visión. Estas acciones no pueden ser aleatorias; deben estar alineadas con la visión para producir los resultados deseados.

> "La medida última de un hombre no es dónde se encuentra en momentos de comodidad y conveniencia, sino dónde se encuentra en tiempos de desafío y controversia". —Martin Luther King[12]

OBSERVACIÓN Y ACCIÓN

El compromiso nos ayuda a ver lo que antes no veíamos y a diseñar acciones en pos de nuestra visión. Una vez comprometidos, nuestra percepción cambia. Empezamos a ver oportunidades donde antes no las notábamos. Por ejemplo, alguien comprometido a mejorar sus ventas comenzará a ver potenciales compradores en todas partes. Este cambio de perspectiva es crucial.

EL COMPROMISO Y LA OBSERVACIÓN

Observamos la vida desde nuestro compromiso. Este enfoque se aplica a todos los aspectos de nuestra vida. Una persona comprometida a mejorar su salud observará cada oportunidad para ejercitarse o comer saludablemente. Lo mismo sucede en nuestras relaciones, trabajos y metas personales.

---

12. Martin Luther King Jr., *Strength to Love*, 1963.

El compromiso visto desde la visión nos permite estirarnos y no estresarnos. Mi mirada es desde quién elijo ser, y a través del compromiso hago que la visión esté presente en la acción cotidiana.

En el MÉTODOCC nos gusta decir "no me comprometo porque puedo, puedo porque me comprometo". Cuando eliges comenzar poniendo el compromiso en la visión en el lenguaje y no en los recursos, las ganas y las circunstancias pueden cambiar radicalmente tus resultados.

> "El compromiso desbloquea las puertas de la imaginación, permite la visión y nos da las cosas correctas para convertir nuestros sueños en realidad".
>
> —James Womack[13]

NO ME COMPROMETO PORQUE PUEDO,
PUEDO PORQUE ME COMPROMETO.

CAMBIO DE PARADIGMA

El compromiso requiere un cambio de paradigma mental y emocional. Debemos dejar de ser licenciados en justificaciones y excusas para convertirnos en aquellos que creen en sus convicciones y cumplen sus compromisos. Esta transformación es esencial para avanzar hacia nuestros objetivos.

13. www.beliefnet.com

LA ECUACIÓN DEL RESULTADO EXTRAORDINARIO:

ME COMPROMETO + ACTÚO + APRENDO = RESULTADO EXTRAORDINARIO

Primero nos comprometemos, luego actuamos, y a través de la acción, aprendemos. Esta secuencia nos lleva inevitablemente a resultados extraordinarios.

CONEXIÓN ENTRE VISIÓN Y COMPROMISO

Sin visión y compromiso, no hay éxito en lo que se hace. Cuando conectamos el compromiso con la visión, se revela la brecha entre quiénes somos y quién elegimos ser, permitiéndonos tomar conciencia del quiebre necesario para avanzar.

> "El compromiso es lo que hace posible el cambio; la acción es lo que lo realiza". —Héctor Teme

ANÁLISIS DEL COMPROMISO

Lo que los exitosos hacen es primero analizar cómo se expresa el compromiso. Observar los actos lingüísticos es crucial. ¿Es lenguaje descriptivo, declarativo o generativo? ¿Tienes la autoridad para cumplir tus declaraciones? Estos son aspectos que debemos evaluar para asegurar que el compromiso declarado sea real y no solo palabras vacías.

PREGUNTAS PARA EL COMPROMISO

- ***¿A qué estás comprometido?*** Esta pregunta es fundamental. No siempre obtendremos una respuesta clara, ya que a menudo las personas están comprometidas con su imagen más que con sus verdaderos deseos.
- ***¿Qué estás dispuesto a realizar para alcanzar ese sueño?*** Generalizaciones como "todo lo necesario" pueden ser peligrosas. Necesitamos especificidad y concreción.
- ***¿Por qué actúas de la manera en que lo estás haciendo?*** Esta pregunta ayuda a entender las motivaciones subyacentes y a alinear las acciones con el compromiso declarado.

LA IMPORTANCIA DE LAS ACCIONES

El compromiso sin acción es vacío. Las acciones diarias son las que sostienen el compromiso y lo convierten en una realidad tangible. Lo que los exitosos hacen es diseñar estas acciones para que su compromiso se manifieste de manera efectiva.

Declarar el compromiso es un paso fundamental en la Técnica de la Cocreatividad. Es el puente que conecta la visión con la realidad. Al comprometernos, cambiamos nuestra percepción y nuestra manera de actuar, lo que nos permite avanzar hacia nuestros objetivos con determinación y claridad. Este compromiso no solo nos impulsa a actuar, sino que también nos ayuda a aprender y a crecer, y nos acerca cada vez más a la realización de nuestra visión y al logro de resultados extraordinarios.

PREGUNTAS DE DIAGNÓSTICO

1. ***¿Cuál es tu nivel actual de compromiso con la visión que has enunciado para tu vida?***
   » Esta pregunta evalúa la percepción del *coachee* sobre su compromiso con su visión.
2. ***¿Qué justificaciones o excusas encuentras que te impiden comprometerte plenamente con tu visión?***
   » Identifica las barreras y racionalizaciones que limitan el compromiso del *coachee*.
3. ***¿Cómo ha influido tu entorno en tu capacidad para declarar y mantener tus compromisos?***
   » Explora el impacto del entorno del *coachee* en su capacidad para comprometerse.
4. ***¿Qué acciones diarias actualmente estás tomando que reflejan tu compromiso con tu visión?***
   » Ayuda a evaluar si las acciones del *coachee* están alineadas con su visión.
5. ***¿Cómo te sientes respecto a los desafíos y controversias que pueden surgir en el camino hacia tu visión?***
   » Permite entender la actitud del *coachee* hacia las dificultades que pueda enfrentar.

PREGUNTAS DE *COACHING*

1. ***¿Qué compromiso específico estás dispuesto a declarar hoy que te acerque a tu visión?***
   - » Invita al *coachee* a definir un compromiso concreto y claro que esté alineado con su visión.
2. ***¿Cómo puedes asegurar que tus acciones diarias estén alineadas con el compromiso que has declarado?***
   - » Promueve la reflexión sobre cómo mantener la coherencia entre acciones y compromiso.
3. ***¿Qué recursos internos y externos puedes utilizar para fortalecer tu compromiso y superar las excusas?***
   - » Ayuda al *coachee* a identificar y utilizar recursos que apoyen su compromiso.
4. ***¿Cuál es el cambio de paradigma mental y emocional que necesitas para convertirte en la persona comprometida con tu visión?***
   - » Motiva al *coachee* a reflexionar sobre las transformaciones necesarias para fortalecer su compromiso.
5. ***¿Cómo medirás tu progreso y ajustarás tus acciones para asegurar que estás cumpliendo con tu compromiso?***
   - » Fomenta la creación de un sistema de seguimiento y ajuste para mantener el compromiso y avanzar hacia la visión.

7

PASO 3: REVISA TU VISIÓN CON RELACIÓN A TU MISIÓN Y LA UNCIÓN

Hemos trabajado de manera profunda en qué es la misión y qué es la visión en *Logra lo extraordinario*. También en el libro *Punto de partida*. Y hemos hecho un análisis de quién elijo ser en *Lo que los exitosos piensan*. Aquí, en *Lo que los exitosos hacen*, está el desarrollo de la acción, donde nos basamos en una manera de ser que se nota, visible ante los demás. Y en el hacer, vemos como algo clave que mires desde el futuro. Desde quién eliges ser. Sin embargo, es importante que esta mirada esté alineada con quién eres, y con aquello que Dios ha diseñado para ti.

Quizá una de las partes más importantes de lo que los exitosos hacen, es que hacen, construyen y edifican mirando desde el futuro. No puedes llegar al lugar que no elegiste ir. Debemos sacar la vista de los problemas y situaciones, y empezar a mirar la vida desde la visión, desde quién elegimos ser, desde el corazón de Dios para nuestras vidas.

Entonces digo: "Mi visión es convertirme en el gerente del banco más importante de Latinoamérica, no tiene ni medio que ver conmigo, a mí 2+2 me dio siempre 3, esto no está en mis verbos maestros". Mis verbos son escribir, liderar, generar, producir, pastorear, no administrar. Hay otros que sí tienen ese verbo. Siendo así, reviso mi visión, la que declaré, ese enunciado extraordinario, con mi misión y con la unción de Dios. Y reviso si Dios está ungiendo esto.

NO PUEDES LLEGAR AL LUGAR QUE NO ELEGISTE IR.

Este punto en particular nos separa completamente de otros modelos. Antes de saber hacia dónde ir y definirlo con precisión, debemos ser poderosos en saber quiénes somos. Tenemos que reconocer y declarar nuestra identidad pública y desarrollar conciencia de nuestra misión. Debemos tener esto en claro.

La unción está relacionada con la visión y con la misión. La visión es el punto de partida, de ahí salimos, pero tenemos que comprobar y revisar que nuestra visión esté conforme a la unción de Dios y a la misión que Él nos ha dado.

> "La misión nos permite generar las bases donde construiremos nuestro futuro, que debe ser en la Roca firme".
> Cap. 7 - Logra lo Extraordinario
> —Héctor y Laura Teme (*Logra lo Extraordinario,* cap. 7

REPASEMOS LA IMPORTANCIA DE TENER EN CLARO CADA UNA DE LAS PARTES QUE COMPONEN UNA MISIÓN:

1. Verbos maestros: tus puntos fuertes; tus fortalezas; lo que haces bien sin darte cuenta.
2. Sustantivos: tu tema; lo que te gusta trabajar.
3. Designios: son los planes que Dios tiene para ti; aquello que Él determinó para ti desde antes de la fundación del mundo.
4. Talentos: son las habilidades dadas por Dios para que trabajemos.

La misión tiene que ver conmigo, con algo que Dios puso en mí, con el "para qué" de mi vida. La misión es el propósito de tu vida, aquello para lo que fuiste creado. Es lo que queremos hacer y hacemos bien, es nuestra singularidad.

Cada uno tiene una misión dada por Dios. Hay una misión personal que Dios ha puesto en nosotros. ***¿Cuál es tu misión?*** Eso no quiere decir que necesariamente tu misión se va a desarrollar dentro del ministerio. Vas a tener la misión de tu vida en todos los ámbitos. Si caes de un avión y vas a parar en un pueblo en donde no hay ninguna iglesia, no necesariamente vas a ser pastor. Una persona que tiene como misión ayudar a otros, puede hacerlo dentro de la iglesia o fuera de ella. Tiene que ver con el llamado, tiene que ver con el momento.

Quizá vas a ser carpintero.

Fíjate que Jesús tuvo una misión de vida, y claramente no estuvo dentro de la iglesia. Entonces nosotros queremos ponerle estructura a todo, y esto es normal en el ser humano. Pero una cosa es la misión, y otra cosa es el llamado. Puedes tener un llamado al pastorado o no tenerlo. A veces creemos que la misión de vida tiene que ver solamente con los dones del ministerio, y no tiene que ver con eso, tiene que ver con el propósito de tu vida. El propósito de tu vida es mucho más que un don de ministerio. Eso no quiere decir que no tengas un don de ministerio, pero una cosa es la misión, el "para qué", y después está el llamado que tiene que ver con el sustantivo. La misión tiene que ver con tus verbos maestros. El llamado tiene que ver con los sustantivos.

Si tu misión tiene que ver con servir, tu sustantivo puede ser iglesia, pero también puede ser empresa, tu hogar, una fundación, la comunidad. Entonces no necesariamente tenemos que desarrollar la función dentro de la iglesia, porque es necesaria nuestra presencia en todos lados. Es más difícil tener y desarrollar una misión de servicio y compasión cuando no tienes la estructura de la iglesia, que dentro de ella, porque dentro de ella todos van a respetarte, más si eres pastor. Pero ¿qué pasa cuando quieres hacer bien las cosas afuera, cuando todo el mundo quiere hacerlas mal?

Debes tener un gran valor y una gran decisión para poder hacer las cosas bien donde fuiste llamado, no necesariamente dentro de la iglesia.

Por ejemplo, hubo un caso de un médico que era pastor de una iglesia muy linda, pero la iglesia no crecía, y me dije: "Lo que pasa es que como médico me considero excelente, la gente me busca, tengo mucho éxito y me va muy bien; pero como pastor siento que siempre estoy fallando". Realmente le pasaba eso, pero nunca se dio cuenta que no necesariamente su llamado era tener que estar todo el tiempo dentro de la iglesia. Cuando empezó a abrirse, no dejó la iglesia, pero empezó a darse cuenta que podía desarrollarse en otros ámbitos y ya no como pastor ejecutivo, sino como pastor principal de la iglesia. Empezó a ser el líder de la iglesia y las cosas empezaron a cambiar.

No tienes que hacerlo todo.

Tu misión, tu "para qué" tiene un propósito; pero tu llamado tiene un sustantivo: es el lugar, el momento.

El llamado va cambiando.

La misión, no.

La misión que Dios te dio, el propósito de tu vida es uno, fuiste creado para algo. Sin embargo, ese algo se va a desarrollar en diferentes lugares a donde Dios te va llamando. Porque si solamente hubiera necesidad en un lugar, entonces nunca nos tendríamos que mover de ahí.

Hay gente que se quiere desarrollar como ministro y va pasando de iglesia en iglesia a ver dónde lo contratan. El llamado no necesariamente está dentro de la iglesia, y no necesariamente afuera tampoco. Sin embargo, no es lo mismo misión que llamado. La misión es el propósito de tu vida.

DEBES TENER UN GRAN VALOR Y UNA GRAN DECISIÓN PARA PODER HACER LAS COSAS BIEN DONDE FUISTE LLAMADO.

Los verbos maestros significa que tengo que buscar mis puntos fuertes. Necesito clarificar mis puntos fuertes para poder determinar cuál es mi misión. Los verbos maestros tienen que ver con la misión.

Los sustantivos tienen que ver con el llamado, tienen que ver con cuál tema es el que hoy me toca trabajar. ***¿Qué es lo que te gusta trabajar?*** Por ejemplo, te toca trabajar en la iglesia; o quizá te gusta trabajar en la iglesia; o probablemente te gusta trabajar en la empresa. Conozco mucha gente que dice "yo prefiero trabajar en la empresa que en la iglesia". ¿Está mal eso? No está mal, simplemente es lo que es y tiene que ver con tu llamado, que tiene que ver con sustantivos.

Están *los designios,* que tienen que ver con los planes de Dios para ti. Los planes que Él tiene para ti, aquello que Él determinó para ti desde antes de la fundación del mundo. Hay designios particulares para cada uno y hay otros espacios en donde Dios te da un papel en blanco, que contiene los límites del papel, pero tú eliges lo que vas a dibujar o lo que vas a escribir.

Debemos tener en cuenta *los talentos* que tenemos. Los talentos son las habilidades dadas por Dios para que trabajemos. No estoy hablando solo de las habilidades que adquirimos, sino de las que Dios nos ha dado. Aquello para lo que somos buenos de manera natural. Por ejemplo, yo no soy bueno con la música, puedo aprender, me puedo comprometer, tomar clases de guitarra, buscar afinarme un poco más para desarrollar un poco de oído. Voy a desarrollar habilidades, puede ser, pero definitivamente esas no son las habilidades que Dios me ha dado, simplemente las puedo trabajar. Dios me ha dado otras habilidades particulares y quiere que yo profundice en eso. Entonces, para distinguir mis talentos de otras habilidades que puedo desarrollar, debo darme cuenta de que los talentos son los que vinieron conmigo, los que Dios puso dentro de mí. Esas habilidades que Dios me ha dado que tengo que desarrollar aún más. Las cosas no vienen desarrolladas en nosotros. No somos genios en algo porque simplemente Dios nos dio la genialidad. Nosotros somos personas que tenemos que aprender a trabajar con lo que Dios nos está dando.

Está trilogía viene junta: MISIÓN - VISIÓN – UNCIÓN, significa: lo que soy - donde quiero ir - la bendición de Dios sobre mí. No puede haber un resultado extraordinario con la bendición de Dios si además de misión y visión, no hay *unción*. La unción es la alineación con la voluntad de Dios, es saber que Dios está poniendo su mano sobre mí en aquello que estoy logrando. Lo que los exitosos hacen es asegurarse de que la unción esté siempre fresca, que Dios esté poniendo su mano sobre ellos, que esté alineada con la misión y visión que declaro y con la que me comprometo.

> "La unción se traduce en el acto de Dios al poner sus manos sobre ti, que vayas pasando y la nube vaya contigo. Es presencia, respaldo"
>
> —Héctor y Laura Teme (*Logra lo extraordinario*)

PARA SABER SI HAY UNCIÓN, TENEMOS QUE PREGUNTARNOS: ¿HAY BENDICIÓN EN LO QUE HAGO?

Al pueblo de Israel, de día la nube iba cuidándolos del sol y de noche era como una luz para ellos. Job siempre tenía el respaldo de Dios. La unción iba con ellos. Entonces, es fundamental para saber si hay unción preguntarse: ***¿hay bendición en lo que hago?*** Si no crees que hay bendición, entonces no hay unción. No importa si la persona es cristiana o no. Creyente o incrédula.

PREGUNTAS DE DIAGNÓSTICO

1. ***¿Cómo definirías tu misión personal y cómo se relaciona con la visión que has enunciado?***
    » Esta pregunta ayuda a evaluar la claridad y alineación entre la misión personal y la visión del *coachee*.
2. ***¿Cuáles son tus verbos maestros y cómo se reflejan en tus acciones diarias?***
    » Permite identificar los puntos fuertes y cómo están siendo utilizados en la vida cotidiana del *coachee*.
3. ***¿Qué sustantivos describen los ámbitos en los que te sientes llamado a trabajar?***
    » Explora las áreas de interés y los contextos donde el *coachee* siente que puede desarrollar su misión.
4. ***¿Cómo percibes la unción de Dios en tu vida y en los proyectos que emprendes?***
    » Ayuda a entender la percepción del *coachee* sobre el respaldo divino en sus acciones y proyectos.

5. ***¿Qué talentos naturales sientes que Dios te ha dado y cómo los estás utilizando actualmente?***

    » Identifica las habilidades innatas del *coachee* y su aplicación en la vida diaria.

PREGUNTAS DE *COACHING*

1. ***¿Qué ajustes necesitas hacer en tu visión para que esté completamente alineada con tu misión y los designios de Dios para ti?***

    » Invita al *coachee* a reflexionar sobre posibles ajustes necesarios para una alineación total entre visión, misión y unción.

2. ***¿Cómo puedes integrar tus verbos maestros de manera más efectiva en tu visión y misión?***

    » Fomenta la integración de los puntos fuertes del *coachee* en su visión y misión.

3. ***¿Qué pasos concretos puedes tomar para asegurar que la unción de Dios esté presente en todas tus acciones y decisiones?***

    » Promueve la identificación de acciones específicas para mantener el respaldo divino en sus proyectos.

4. ***¿Cómo puedes validar que hay bendición en lo que haces y qué indicadores usarás para medirlo?***

    » Ayuda al *coachee* a establecer criterios claros para evaluar la presencia de la unción en sus acciones.

5. ***¿Qué cambios puedes hacer en tu vida para asegurar que tu misión y visión estén en perfecta armonía con la voluntad de Dios?***

    » Motiva al *coachee* a realizar cambios necesarios para una completa armonía entre misión, visión y unción.

8

PASO 4: CONSIDERA EL TIPO DE OBSERVADOR QUE ERES

Muchos van hacia el resultado con un énfasis completo en la acción. Hablan de acción, piensan acción. Y hacen. Y cuando los resultados no son lo que deseaban lo único que hacen es... ¡¡¡cambiar la acción!!!

Antes de emprender acciones, lo que los exitosos hacen es preguntarse: *¿Qué tipo de observador de la vida estoy siendo? ¿La manera de ser que tengo me alcanza para transformarme en quién elijo ser? ¿Estoy mirando desde el lugar que me sirve para llegar, o solo estoy actuando por acción y reacción, preguntándome qué pasa afuera de mí?*

El secreto de lo que los exitosos hacen no es lo que hacen, sino cómo se relacionan con lo que pasa antes de hacer. Este paso es clave. Ya sé hacia dónde ir, ya revisé mis compromisos, ya me aseguré de que mi camino esté alineado con quien soy y con la bendición de Dios sobre mi vida. Ahora toca ir un paso para atrás y preguntarme si quien soy me alcanza como punto de partida para quien elijo ser, o si debo trabajar mi mirada.

Este no es tiempo de los que conocen, este es tiempo de los que entienden. Este no es el tiempo de saber más. Es el tiempo de distinguir más, y de aprender que uno ve desde lo que comprende. Por eso, trabajamos qué tipo de observador somos.

En el cuarto paso, das un paso atrás y, de acuerdo con la visión, misión y unción, pregúntate: ***¿Qué tipo de observador soy en este resultado extraordinario?***

Recuerda que la visión es un punto de partida, no un punto de llegada.

Si dices: "A partir de hoy mi empresa va a tener cuarenta empleados", empieza a mirar desde los cuarenta, aunque solo tengas cinco. Por lo tanto, debes comprometerte a esto y analizar si tiene que ver con tu misión.

NO SE TRATA DE CAMBIAR EL MUNDO O LA GENTE, SE TRATA DE CAMBIAR EL TIPO DE OBSERVADOR QUE SOMOS, LA MANERA EN QUE ESTAMOS VIENDO LAS COSAS.

También considera si Dios está ungiendo esos tiempos, pues quizá el tiempo sea en dos o tres años. No obstante, si es ahora, empieza a trabajar desde ese lugar y míralo todo desde los cuarenta.

Todo esto sucede cuando empiezas a mirar desde la visión, no desde las circunstancias, ni desde tu pasado, ni tu realidad circunstancial. Este paso revela qué tipo de observador eres para mirar desde el *resultado extraordinario* que buscas. Estamos buscando una visión, un resultado extraordinario, y vamos a ir un paso más allá para ver qué es lo que estamos viendo.

¿Cómo estoy mirando? Teniendo en cuenta la visión, la misión y la unción, voy a buscar cómo estoy viendo las cosas, qué tipo de observador estoy siendo. No se trata de cambiar el mundo o la gente, se trata de cambiar el tipo de observador que somos, la manera en que estamos viendo las cosas. **¿Es posible transformar el tipo de observador que somos?** Sí, es posible. **¿Cómo?** Veamos cuatro formas.

PRIMERO. EL TIPO DE OBSERVADOR QUE SOMOS SE CONSTITUYE POR TRES DOMINIOS: LENGUAJE, EMOCIÓN Y CUERPO

La intersección de estos tres dominios es donde se encuentra el tipo de observador que soy o el tipo de observador que es mi *coachee*, y podemos intervenir indagando y trabajando los dominios que lo conforman. Es decir indago en la corporalidad, el lenguaje y las emociones.

Uno se comunica desde tres dimensiones: la corporalidad, las emociones y el lenguaje verbal. Estas tres dimensiones están interrelacionadas y juegan un papel crucial en cómo interactuamos y percibimos el mundo.

Corporalidad

¿Cómo se relaciona una persona exitosa con su corporalidad para interactuar con el mundo? ¿Cuáles son sus maneras de relacionarse con su cuerpo? La corporalidad no solo se refiere a la postura o gestos, sino también a cómo nuestros sentidos perciben el mundo que nos rodea. Lo que captamos del entorno a través de nuestro cuerpo puede influir significativamente en nuestras interacciones y percepciones.

Por ejemplo, una postura abierta y receptiva puede facilitar la recepción de nueva información y una mejor observación del entorno. En cambio, una postura cerrada y defensiva puede limitar nuestra capacidad de observación y comprensión. Si una persona se encorva, cruza los brazos, mira para otro lado o busca cómplices entre sus compañeros mientras alguien habla, esa corporalidad será algo limitante para su observación. No está abierto ni puede recibir lo que se comparte o lo que sucede a su alrededor. Está completamente cerrado, lo que le impide ser un observador efectivo.

Emociones

Las emociones son otro componente crucial. Me pregunto: ¿tu estado emocional te controla, o tú controlas tus emociones? Todos tenemos estados emocionales, pero ¿cómo se relacionan los exitosos con la ansiedad, la presión, la frustración, la alegría y el dolor? La emoción es e-moción, es decir, poner en movimiento. Las emociones y los estados de ánimo son predisposiciones para la acción; son las que nos ponen en un movimiento o en otro.

Por ejemplo, una persona que maneja bien sus emociones puede transformar la ansiedad en motivación y la frustración en determinación. Sin embargo, alguien que es controlado por sus emociones puede encontrarse atrapado en ciclos de reacción negativa, lo que afecta su capacidad para actuar de manera efectiva.

Lenguaje verbal

¿Qué tipo de lenguaje usa constantemente una persona exitosa? ¿Qué tipo de lenguaje aplica a cada cosa que hace? Puede ser descriptivo, declarativo, generativo, indicativo, imperativo, verificativo. El tipo de lenguaje que usamos refleja y moldea nuestra percepción del mundo. Por ejemplo, una persona que constantemente usa un lenguaje descriptivo puede estar anclada en el pasado, siempre describiendo lo que ya ha ocurrido, lo que puede limitar su capacidad para innovar y mirar hacia el futuro. En cambio, alguien que utiliza un lenguaje generativo o declarativo puede estar más orientado a la creación de nuevas posibilidades y a la acción transformadora. En ocasiones, de manera impulsiva, una persona puede usar un lenguaje declarativo, pero de manera regular, cuando no lo hace intencionalmente, su tendencia puede ser hacia el lenguaje descriptivo. Esto puede indicar que su manera natural de observar el mundo está más orientada a describir que a crear o transformar.

La manera en que una persona exitosa se relaciona con su corporalidad, sus emociones y su lenguaje verbal no solo define su manera de interactuar con el mundo, sino también su capacidad para observar, comprender y actuar de manera efectiva. Estas dimensiones son esenciales para el éxito y la efectividad en cualquier ámbito de la vida.

> "La existencia de diferentes percepciones de las cosas no es un problema en sí mismo. Se convierte en uno cuando cada persona piensa que su forma de ver e interpretar algo es única y la adecuada".
>
> —Héctor y Laura Teme (*Logra lo extraordinario*)

SEGUNDO. INCORPORAMOS NUEVAS Y PODEROSAS DISTINCIONES EN NUESTRA VIDA

A veces, lo único que nos falta para avanzar y crecer es incorporar ciertas distinciones que nos permitan observar y entender el mundo de manera diferente. Estas distinciones son herramientas esenciales que pueden transformar nuestra percepción y acción en la vida. ¿Qué distinciones son estas? ¿Cómo afectan nuestra manera de observar y actuar?

DISTINCIONES CLAVE

Aprendizaje

¿La persona tiene la capacidad de aprender continuamente? El aprendizaje es una distinción fundamental que nos permite adaptarnos y evolucionar. Al estar abiertos al aprendizaje, no solo adquirimos nuevos conocimientos, sino que también mejoramos nuestra capacidad para enfrentar desafíos y aprovechar oportunidades.

Responsabilidad

Asumir responsabilidades es reconocer que tenemos el poder y el deber de actuar en nuestras vidas. Esta distinción nos permite dejar de lado el victimismo y tomar el control de nuestras decisiones y acciones.

Disciplina

La disciplina es crucial para mantenernos enfocados y comprometidos con nuestros objetivos a largo plazo. Sin ella, es fácil desviarnos y perder de vista lo que realmente importa.

Perseverancia

La perseverancia nos ayuda a mantenernos firmes ante las dificultades y obstáculos. Es la capacidad de seguir adelante, incluso cuando las cosas se ponen difíciles.

Compromiso

Estar comprometido significa dedicarse plenamente a algo. Es una distinción que refleja nuestra determinación y seriedad hacia nuestros objetivos y valores.

Resiliencia

La resiliencia es la capacidad de recuperarse de las adversidades. Es esencial para superar los desafíos y seguir adelante con fuerza renovada.

Oración

Para aquellos que practican la fe, la oración puede ser una fuente de fortaleza, guía y conexión espiritual. Es una distinción que puede proporcionar consuelo y dirección en momentos de incertidumbre.

LA IMPORTANCIA DE INCORPORAR ESTAS DISTINCIONES

Incorporar estas distinciones en nuestra vida nos convierte en observadores diferentes. Nos permite ver el mundo y a nosotros mismos desde una perspectiva más empoderada y consciente. Sin estas distinciones, nuestra capacidad de observación y acción puede estar limitada. Por ejemplo:

Corporalidad

Si una persona no ha incorporado la distinción de la responsabilidad, su lenguaje corporal puede reflejar desinterés o falta de compromiso, afectando su capacidad para observar y participar activamente en su entorno.

Emociones

Sin la distinción de la resiliencia, una persona puede ser fácilmente controlada por sus emociones negativas, dificultando su capacidad para mantener la calma y la perspectiva en situaciones desafiantes.

Lenguaje verbal

La falta de distinciones como el compromiso o la disciplina puede llevar a una persona a usar un lenguaje que refleja inseguridad o indecisión, en lugar de claridad y determinación.

Ayudar a una persona a adquirir estas distinciones es fundamental para su crecimiento y éxito. Al hacerlo, le estamos dando las herramientas necesarias para convertirse en un observador más efectivo y, en última instancia, en una persona más capaz y completa. A veces, lo que falta justamente son estas distinciones en la vida, y no nos damos cuenta de cuánto pueden cambiar nuestra manera de ver y actuar en el mundo. Incorporar estas distinciones transforma no solo nuestra manera de observar, sino también nuestra manera de ser y actuar en el mundo. Nos abre a nuevas posibilidades y nos permite vivir de una manera más plena y significativa.

TERCERO. INDAGANDO LA MIRADA CON RESPECTO A LA VISIÓN Y MISIÓN

La visión y misión personales son fundamentales para guiar nuestras acciones y decisiones. Indagar sobre cómo una persona se relaciona con su visión y misión es crucial para entender su motivación, propósito y dirección en la vida. Este proceso implica explorar profundamente cómo una persona se ve a sí misma en relación con sus aspiraciones y objetivos.

RELACIONARSE CON LA VISIÓN Y MISIÓN

¿Cómo se relaciona una persona con quién quiere ser? Esta es una pregunta esencial que todos debemos hacernos. Aprender a ver desde la visión significa interpretar nuestras experiencias y desafíos en el contexto de nuestros objetivos a largo plazo. Nos permite mantenernos enfocados y motivados, incluso cuando las circunstancias no son ideales.

INTERPRETACIÓN DE LAS EXPERIENCIAS

¿Cómo interpreta la persona lo que le está sucediendo? La manera en que interpretamos nuestras experiencias está directamente relacionada con nuestra visión y misión. Si una persona tiene una visión clara y bien definida, es más probable que vea los desafíos como oportunidades de crecimiento en lugar de obstáculos insuperables.

Para ayudar a alguien a interpretar mejor sus experiencias, es útil hacerle preguntas que lo lleven a reflexionar sobre su visión. Por ejemplo:

> ***¿Qué le falta?*** Identificar las brechas entre su situación actual y su visión ideal es el primer paso para cerrar esas brechas. ¿Qué habilidades, conocimientos o recursos necesita adquirir?
>
> ***¿Qué necesita con respecto a su visión?*** Esta pregunta ayuda a la persona a enfocarse en lo que realmente importa y a priorizar sus acciones en función de su misión.
>
> ***¿Qué es lo que no está viendo?*** A veces estamos tan inmersos en nuestros propios problemas que no podemos ver

soluciones obvias o nuevas oportunidades. Esta pregunta invita a la persona a ampliar su perspectiva y considerar otros puntos de vista.

EJEMPLOS Y APLICACIONES

Corporalidad

Si una persona no ve cómo su postura y lenguaje corporal impactan su capacidad para alcanzar su visión, puede estar perdiendo oportunidades para mejorar su comunicación y presencia. Indagar en cómo su corporalidad se alinea o no con su visión puede ser revelador.

Emociones

¿Cómo se relacionan sus emociones con su misión? Una persona que ve la ansiedad como un enemigo, en lugar de una señal para prepararse mejor, puede estar perdiendo la oportunidad de usar esa emoción a su favor.

Lenguaje verbal

El tipo de lenguaje que utiliza puede reflejar su alineación con su visión. Por ejemplo, una persona que constantemente usa un lenguaje descriptivo puede estar enfocada en el pasado, mientras que alguien que usa un lenguaje generativo está creando continuamente nuevas posibilidades alineadas con su visión.

CUARTO. INDAGACIÓN E INTERVENCIÓN EN EL TIPO DE OBSERVADOR

Para poder indagar e intervenir en el tipo de observador que es nuestro *coachee*, es esencial separar el hecho de la interpretación en la historia que nos está contando. El tipo de observador contiene el modelo interpretativo del *coachee*, y para entender este modelo, es fundamental utilizar herramientas adecuadas. Una de las más efectivas es *la escalera de inferencia*, que nos permite desgranar el sistema de razonamiento del *coachee* y comprender cómo llega a sus conclusiones.

LA ESCALERA DE INFERENCIA

La escalera de inferencia es una herramienta poderosa que nos ayuda a descomponer y analizar el proceso de pensamiento del *coachee*. Este modelo consta de varios escalones, cada uno representando una etapa en el proceso de interpretación de la realidad. Veamos cada escalón en detalle:

1. *Hechos observables*. En el primer escalón, tenemos los hechos observables. Estos son datos objetivos que pueden ser verificados y medidos. Es importante que tanto el *coach* como el *coachee* se enfoquen en estos hechos antes de pasar a interpretaciones.
2. *Selección de los datos*. En el segundo escalón se seleccionan los datos que se considerarán relevantes. Aquí, el *coachee* decide qué información es importante y cuál no, basado en su perspectiva y experiencia.
3. *Articulación de los datos*. El tercer escalón implica la articulación de los datos seleccionados. En esta etapa, el *coachee* organiza y da sentido a los datos, creando una narrativa o historia basada en su interpretación.
4. *Conclusión*. En el cuarto escalón, el *coachee* llega a una conclusión basada en la narrativa que ha creado. Esta conclusión es el resultado de cómo ha interpretado los datos seleccionados.

5. *Propuesta*. En el quinto escalón, el *coachee* hace una propuesta. Esta es una idea o plan de acción basado en la conclusión a la que ha llegado.
6. *Acción*. Finalmente, en el sexto escalón, el *coachee* lleva a cabo una acción basada en la propuesta. Esta acción está directamente influenciada por todo el proceso de interpretación y razonamiento que ha seguido.

APLICACIÓN DE LA ESCALERA DE INFERENCIA

Al utilizar la escalera de inferencia, podemos ayudar al *coachee* a identificar y separar los hechos de las interpretaciones. Esto es crucial para entender cómo su modelo interpretativo influye en su percepción y acciones. Por ejemplo:

Corporalidad

Al observar los hechos relacionados con la postura y el lenguaje corporal del *coachee*, podemos identificar cómo estos hechos son interpretados y cómo influyen en sus interacciones. Separar los hechos de las interpretaciones puede revelar patrones de comportamiento que están limitando su efectividad.

Emociones

Al desgranar el proceso emocional del *coachee*, podemos identificar cómo sus interpretaciones de ciertos eventos están influenciando sus emociones. Esto nos permite intervenir de manera más precisa para ayudarlo a manejar mejor sus respuestas emocionales.

Lenguaje verbal

Al analizar cómo el *coachee* selecciona y articula los datos en su narrativa verbal, podemos identificar patrones en su uso del lenguaje que pueden estar influyendo en su manera de observar y actuar. Esto nos permite ofrecerle nuevas distinciones lingüísticas que amplíen su capacidad de interpretación.

Al entender y desgranar su sistema de razonamiento, podemos ayudarlo a desarrollar una visión más clara y objetiva de su realidad, facilitando así su crecimiento y desarrollo personal y profesional.

> "Observar la vida desde la visión te permite ensanchar el corazón, sabiendo que en ese futuro que estás construyendo, Dios tiene grandes cosas para ti".
> —Héctor y Laura Teme (*Logra lo extraordinario*)

PREGUNTAS DE DIAGNÓSTICO

1. ***¿Cómo describirías el tipo de observador que eres actualmente en relación con tus metas y visión?***
    - » Esta pregunta busca entender cómo el *coachee* se percibe a sí mismo en términos de su capacidad de observación y enfoque hacia sus objetivos.
2. ***¿De qué manera tus emociones influyen en tu capacidad para observar y actuar sobre tus metas?***
    - » Evalúa cómo las emociones afectan la percepción y acción del *coachee* en su camino hacia el logro de sus metas.

3. ***¿Qué tipo de lenguaje sueles utilizar cuando hablas de tus objetivos y desafíos?***
    » Ayuda a identificar patrones en el uso del lenguaje que puedan estar limitando o potenciando al *coachee*.
4. ***¿Cómo es tu postura y lenguaje corporal cuando enfrentas retos o situaciones difíciles?***
    » Explora la relación entre la corporalidad del *coachee* y su capacidad de observación y acción.
5. ***¿Qué distinciones importantes crees que te faltan para mejorar tu manera de observar y actuar en tu vida?***
    » Identifica áreas donde el *coachee* siente que necesita nuevas perspectivas o habilidades para mejorar su efectividad.

PREGUNTAS DE *COACHING*

1. ***¿Qué cambios puedes hacer en tu lenguaje corporal para convertirte en un observador más abierto y receptivo?***
    » Invita al *coachee* a reflexionar sobre cómo ajustar su postura y gestos para mejorar su capacidad de observación.
2. ***¿Cómo puedes transformar tus emociones negativas en impulsos positivos que te ayuden a avanzar hacia tus metas?***
    » Fomenta la reflexión sobre el manejo emocional y la transformación de emociones negativas en motivación.

3. ***¿Qué tipo de lenguaje generativo o declarativo puedes empezar a usar para crear nuevas posibilidades en tu vida?***

   » Ayuda al *coachee* a identificar y adoptar un lenguaje que fomente la creación y la transformación.

4. ***¿Cómo puedes incorporar nuevas distinciones en tu vida que te permitan observar desde una perspectiva más empoderada?***

   » Motiva al *coachee* a buscar y adoptar nuevas distinciones que amplíen su capacidad de observación y acción.

5. ***¿Qué pasos concretos puedes tomar para alinear tu observación con tu visión y misión, asegurando que estás mirando desde el resultado extraordinario que deseas?***

   » Promueve la identificación de acciones específicas que alineen la observación del *coachee* con su visión y misión, enfocándose en resultados extraordinarios.

9

PASO 5: REVISA TUS MODELOS MENTALES

Para transformar el tipo de observador que somos, debemos cambiar nuestra forma de pensar, producto de nuestros modelos mentales. Estos modelos mentales son supuestos profundamente arraigados, generalizaciones, ilustraciones, imágenes o historias que influyen sobre cómo entendemos el mundo y cómo actuamos en él, como dice Peter Senge.[14] Laura Teme añade que los modelos mentales son como una vasija en la que los pensamientos y las situaciones que vivimos adquieren la forma de esa vasija, una vasija de diferentes formas según la persona.

En el quinto paso, comienza a revisar tus modelos mentales. Estos supuestos arraigados influyen en la manera en que nos relacionamos con el futuro y se convierten en filtros por los cuales miramos. Determinamos que ellos tienen contextos biológicos, históricos, lingüísticos y culturales.

---

14. Peter M. Senge, *The Fifth Discipline: The Art and Practice of the Learning Organization*. Nueva York: Doubleday, 1990.

MODELOS MENTALES

"NO VEMOS LAS COSAS COMO SON, VEMOS LAS COSAS COMO SOMOS".

El contexto mental es el conjunto de sentidos, supuestos, reglas de razonamiento, inferencias, etc., que nos llevan a hacer determinadas interpretaciones. A ese contexto mental lo llamamos *modelo mental*. Según Peter Senge, los modelos mentales son supuestos profundamente arraigados, generalizaciones, imágenes o historias que influyen sobre cómo entendemos el mundo y cómo actuamos en él. Operan de forma subconsciente en la vida personal y en el ámbito laboral.

Los modelos mentales condicionan todas nuestras interpretaciones y acciones. Definen cómo percibimos, sentimos, pensamos e interactuamos. Distintos modelos mentales pueden motivar distintas percepciones, sentimientos, opiniones y acciones. El resultado es el mismo, el contexto es el mismo; lo que hace la diferencia son los diferentes modelos mentales. Las diferentes percepciones, opiniones y acciones no son el problema. El conflicto se genera cuando cada persona cree que su manera de ver las cosas (según su modelo mental) es la más razonable, y eso es una opinión condicionada por su modelo mental. Cada uno cree que su modelo mental es el válido. En vez de utilizar las diferentes percepciones para expandir así sus perspectivas e integrar una visión en común, en vez de indagar en el razonamiento del otro para comprender su modelo mental, las partes se traban en una batalla para ver quién tiene la razón.

Los modelos mentales son individuales, resultado de la biología, el lenguaje, la cultura e historia personal de cada uno. Son fundamentales, inconscientes y diferentes; por eso existen tantas interpretaciones como conflictos en las relaciones. Son tan necesarios como peligrosos, debido a su operación automática. La realidad que uno capta no es la realidad verdadera, sino que está teñida por su modelo mental.

FUENTES DE LOS MODELOS MENTALES

Los filtros de donde los seres humanos organizamos y damos sentido a nuestras experiencias provienen de cuatro fuentes: biología, lenguaje, cultura e historia personal.

BIOLOGÍA

La biología es el primer filtro de los modelos mentales. Nuestro sistema nervioso afecta la interpretación de los elementos centrales y genera distintas interpretaciones del mismo hecho. También contiene los comportamientos rutinarios que son inflexibles pero necesarios para la vida, ya que sería imposible actuar con la velocidad requerida por las circunstancias.

Dada la visión que tienes, es esencial analizar cómo es tu biología. Si dices: "Voy a ganar la carrera de tres mil metros en Nueva York", debes suponer que esa es tu visión y que cuentas con la unción de Dios. Sin embargo, cuando te encuentres en este punto, tu biología podría advertirte: "¡Peligro! Hoy bajaste cuatro bolsos a través de unas escaleras y casi te desmayas". Es en ese momento cuando debemos prestar atención y entender que nuestro cuerpo nos está hablando.

No podemos avanzar hacia nuestras metas sin considerar el estado de nuestra biología. Al igual que un agricultor entiende el clima y el suelo antes de sembrar, nosotros debemos entender nuestro cuerpo y sus capacidades. Este conocimiento no es para limitarnos, sino para equiparnos mejor. Entrenarse, dedicar tiempo a fortalecer el cuerpo, es una forma de honrar la visión que tenemos y el propósito que Dios ha puesto en nuestro corazón.

Muchos no llegan a su visión porque no tienen en cuenta su biología. Ignoran las señales de su cuerpo, no reconocen las tendencias naturales que poseen y, como resultado, se encuentran luchando contra ellos mismos. Recuerda que en la biología está lo que ya sabemos que tenemos como tendencias. Estas tendencias son nuestras predisposiciones físicas, nuestras fortalezas y debilidades, los ritmos naturales de nuestro ser. La biología no es una barrera, sino una aliada. Es el cimiento sobre el cual construimos nuestros sueños.

Al revisar y comprender nuestra biología, encontramos las claves para avanzar con sabiduría y fuerza. Es un proceso de integración, donde cuerpo y visión trabajan en armonía. Aceptar nuestra biología es aceptar nuestra humanidad, y en esa aceptación encontramos la verdadera fuerza para alcanzar nuestras metas.

LENGUAJE

El segundo filtro de los modelos mentales es el lenguaje. El lenguaje no solo estructura la conciencia del ser humano, sino que también define y moldea nuestra realidad. Es a través del lenguaje que la realidad se vuelve inteligible y comunicable, permitiéndonos compartir nuestras experiencias y pensamientos con nosotros mismos y con los demás. El lenguaje actúa como un puente entre nuestra mente y el mundo exterior, haciendo comprensible no solo al sujeto sino también al entorno que experimenta.

El lenguaje tiene el poder de crear realidades. Uno no habla de lo que ve, sino que ve solo aquello de lo que puede hablar. Esto significa que nuestra percepción del mundo está limitada por nuestro vocabulario y nuestra capacidad de hacer distinciones. Sin el lenguaje, estamos cognitiva y emocionalmente ciegos a muchos aspectos de nuestra experiencia. No es que no veamos los mismos signos de algo, sino que, sin el lenguaje adecuado, no podemos interpretar esos signos de manera efectiva. Por ejemplo, en muchas culturas esquimales existen múltiples palabras para diferentes tipos de nieve, cada una describiendo una variedad particular con gran precisión. Esta riqueza lingüística permite a los esquimales percibir y distinguir detalles en la nieve que para otros pasarían desapercibidos. Del mismo modo, el lenguaje de una cultura influye en cómo sus miembros perciben y entienden el mundo a su alrededor.

La capacidad para hacer distinciones y ordenar el mundo en categorías operativas es lo que se llama "inteligencia". Esta inteligencia lingüística nos permite navegar y operar en nuestra realidad de manera eficiente. El lenguaje nos da las herramientas para identificar, clasificar y responder a los diferentes estímulos y situaciones que encontramos en nuestra vida diaria. Además, el lenguaje no solo influye en nuestra percepción del mundo exterior, sino también en nuestra comprensión de nosotros mismos. A través del diálogo interno, utilizamos el lenguaje para reflexionar sobre nuestras experiencias, emociones y pensamientos. Este proceso de autorreflexión nos ayuda a desarrollar una comprensión más profunda de quiénes somos y cómo encajamos en el mundo.

El lenguaje también tiene un impacto significativo en nuestras relaciones y en la construcción de nuestras comunidades.

Las palabras que elegimos y la forma en que nos comunicamos pueden fortalecer o debilitar nuestras conexiones con los demás. Un lenguaje inclusivo y positivo puede fomentar un sentido de pertenencia y cooperación, mientras que un lenguaje excluyente y negativo puede generar divisiones y conflictos.

El lenguaje es dinámico y evoluciona con el tiempo. A medida que adquirimos nuevas experiencias y conocimientos, nuestro lenguaje se adapta y se expande, permitiéndonos describir y comprender mejor nuestro entorno. Esta evolución lingüística es un reflejo de nuestro crecimiento intelectual y emocional, y juega un papel crucial en la forma en que modelamos y entendemos nuestras realidades individuales y colectivas.

El lenguaje es un filtro poderoso de los modelos mentales que estructura nuestra percepción, define nuestra realidad, y moldea nuestras interacciones con el mundo y con nosotros mismos. Es una herramienta esencial para navegar la complejidad de la vida y para construir puentes de comprensión y conexión con los demás.

LAS PALABRAS QUE ELEGIMOS Y LA FORMA EN QUE NOS COMUNICAMOS PUEDEN FORTALECER O DEBILITAR NUESTRAS CONEXIONES CON LOS DEMÁS.

CULTURA

La cultura es el tercer filtro de los modelos mentales, y puede ser considerada como un modelo mental colectivo. La cultura está compuesta por un patrón de supuestos básicos compartidos, aprendidos por un grupo durante el proceso de resolver sus problemas de adaptación externa e integración interna. Estos supuestos han demostrado ser efectivos en la práctica, operando lo suficientemente bien como para ser considerados válidos y aptos para ser enseñados a los nuevos miembros del grupo como la manera correcta de percibir, pensar, hacer y sentir.

Dentro de cualquier grupo humano, los modelos mentales se desarrollan con base en experiencias compartidas a lo largo de su historia. La cultura influye en casi todos los aspectos de nuestra vida diaria, desde nuestras creencias y valores hasta nuestras costumbres y tradiciones. Este conjunto de supuestos compartidos proporciona un marco de referencia que guía el comportamiento y la interpretación del mundo de los miembros del grupo. La cultura nos da un sentido de identidad y pertenencia, pero también puede limitar nuestra perspectiva al establecer normas y expectativas rígidas.

A veces, el hábito fosilizado es peor que la ignorancia. La capacidad de desprenderse de viejos supuestos culturales es tanto o más importante que la de aprender nuevos. Cambiar supuestos culturales es un proceso arduo pero necesario. La cultura puede ser tanto un recurso poderoso como una barrera significativa para el cambio. Por un lado, ofrece un sentido de coherencia y continuidad; por otro, puede perpetuar ideas y prácticas obsoletas que ya no sirven a los intereses del grupo o del individuo.

La cultura no es estática, evoluciona con el tiempo en respuesta a nuevos desafíos y oportunidades. A medida que las sociedades se enfrentan a cambios tecnológicos, económicos, sociales y ambientales, sus modelos mentales culturales deben adaptarse. Este proceso de cambio cultural puede ser difícil, ya que implica cuestionar y posiblemente abandonar creencias y prácticas profundamente arraigadas. Sin embargo, es esencial para el crecimiento y el desarrollo continuo.

La globalización ha acelerado la necesidad de adaptabilidad cultural. Las interacciones entre diferentes culturas están más frecuentes que nunca, lo que crea oportunidades para el enriquecimiento mutuo, pero también para el conflicto. Comprender y respetar las diferencias culturales es crucial en un mundo cada vez más interconectado. Los modelos mentales colectivos de una cultura pueden entrar en conflicto con los de otra, y superar estos conflictos requiere apertura, diálogo y disposición para aprender de los demás.

LA CAPACIDAD DE DESPRENDERSE DE VIEJOS SUPUESTOS CULTURALES ES TANTO O MÁS IMPORTANTE QUE LA DE APRENDER NUEVOS.

La cultura también se transmite a través de la socialización, donde los miembros de un grupo enseñan y aprenden las normas, valores y prácticas de su comunidad. Esta transmisión cultural es fundamental para la cohesión social, pero también puede perpetuar estereotipos y prejuicios. Por lo tanto, es vital cuestionar y reflexionar sobre los aspectos de nuestra cultura que tomamos por sentados y considerar cómo podemos evolucionar hacia una comprensión más inclusiva y equitativa.

En la práctica del *coaching* y el liderazgo, reconocer y trabajar con los modelos mentales culturales es crucial. Los *coaches* y líderes deben ser conscientes de sus propios supuestos culturales y estar preparados para desafiar y expandir sus perspectivas. Al ayudar a otros a explorar y modificar sus modelos mentales culturales se puede fomentar un entorno de aprendizaje y crecimiento continuo. Esto no solo beneficia a los individuos, sino también a las organizaciones y comunidades en las que operan.

La cultura es un filtro poderoso de los modelos mentales que influye en cómo percibimos, interpretamos y respondemos al mundo. Es un recurso vital para la identidad y la cohesión social, pero también puede ser una barrera para el cambio y la innovación. Abordar y adaptar nuestros modelos mentales culturales es esencial para el crecimiento personal y colectivo, especialmente en un mundo en constante transformación.

HISTORIA PERSONAL

La historia personal es el cuarto filtro de los modelos mentales. Este filtro está compuesto por una serie de experiencias y factores únicos que cada individuo acumula a lo largo de su vida. Raza, sexo, nacionalidad, origen étnico, influencias familiares, condiciones sociales y económicas, nivel de educación: todas estas experiencias y características influyen profundamente en el modelo mental que uno utiliza para navegar por el mundo.

La historia personal moldea nuestra percepción y nuestra interpretación de la realidad de manera significativa. Las experiencias vividas desde la infancia, las enseñanzas de los padres, la interacción con los hermanos, maestros y compañeros, así como los eventos significativos que nos marcan, forman un tejido complejo que define quiénes somos y cómo vemos el mundo. Este conjunto de experiencias no solo afecta nuestra manera de pensar y sentir, sino también nuestras decisiones y acciones.

Las experiencias compartidas dentro de un grupo familiar o social se transmiten de generación en generación, creando patrones que pueden ser difíciles de romper. Las creencias y valores inculcados por nuestros antepasados pueden influir en nuestras actitudes y comportamientos actuales. Por ejemplo, una familia que ha valorado la educación durante generaciones probablemente fomentará un entorno en el que el aprendizaje es altamente valorado. Por otro lado, una historia familiar de dificultades económicas puede inculcar una mentalidad de escasez y precaución.

Las experiencias personales, junto con la biología, el lenguaje y la cultura, forjan cada modelo mental particular. Este modelo mental influye en nuestras asociaciones, nuestras preferencias y nuestras decisiones. Nos lleva a relacionarnos con cierto tipo de gente y no con otras, a pensar de una manera específica, a emprender o evitar ciertas acciones, y a decidir qué es aceptable o inaceptable en nuestra conducta. En este sentido, cada persona opera desde su propio modelo mental y vive en una realidad que es única y diferente a la de los demás.

La historia personal también puede ser una fuente de fortalezas y limitaciones. Las experiencias positivas pueden proporcionar una base de confianza y resiliencia, mientras que las experiencias negativas pueden generar miedos y barreras. Reconocer y comprender estas influencias es crucial para el desarrollo personal y profesional. Al reflexionar sobre nuestra historia, podemos identificar patrones que nos han servido bien y aquellos que nos han limitado, lo que nos permite hacer cambios conscientes para mejorar nuestro bienestar y efectividad.

En el contexto del *coaching* y el liderazgo, la historia personal es un aspecto vital a considerar. Los *coaches* y líderes deben ser sensibles a las historias personales de aquellos a quienes guían. Comprender el trasfondo de una persona permite abordar sus desafíos y potenciar sus fortalezas de manera más efectiva. Además, al ayudar a las personas a explorar y recontextualizar sus historias personales, se puede facilitar un crecimiento significativo y una transformación positiva.

Por ejemplo, alguien que ha crecido en un entorno donde se valoraba la autosuficiencia puede ser muy independiente, pero también puede tener dificultades para pedir ayuda o colaborar con otros. Al entender este aspecto de su historia personal, un *coach* puede trabajar con esta persona para desarrollar habilidades de colaboración y comunicación que complementen su independencia.

La historia personal es un filtro poderoso que influye en nuestros modelos mentales y, por ende, en nuestra percepción y conducta. Es una mezcla de nuestras experiencias pasadas y presentes, nuestras interacciones con el mundo y las lecciones que hemos aprendido. Al reconocer y reflexionar sobre nuestra historia personal, podemos comprender mejor nuestros comportamientos y creencias, y tomar decisiones más informadas y conscientes para nuestro futuro. La historia personal, en su complejidad y singularidad, es fundamental para comprender quiénes somos y cómo nos relacionamos con el mundo que nos rodea.

LO QUE LOS EXITOSOS HACEN CON SU HISTORIA PERSONAL

1. *Reconocen y aceptan su historia.* Las personas exitosas no ignoran su pasado ni sus experiencias. Reconocen que su historia personal, con todos sus altibajos, ha moldeado quiénes son. En lugar de sentirse víctimas de su pasado, lo aceptan y aprenden de él. Saben que cada experiencia, ya sea positiva o negativa, es una oportunidad para crecer y desarrollarse.
2. *Transforman experiencias negativas en fortalezas.* Los exitosos son capaces de recontextualizar las experiencias negativas. Donde otros ven obstáculos, ellos ven oportunidades para aprender y fortalecerse. Transforman el dolor, el fracaso y las dificultades en lecciones valiosas que los impulsan hacia adelante. Por ejemplo, alguien que ha experimentado dificultades económicas puede desarrollar una fuerte ética de trabajo y resiliencia.
3. *Aprovechan sus influencias familiares y culturales.* Las influencias familiares y culturales forman una parte crucial de la historia personal. Los exitosos valoran las lecciones aprendidas de sus familias y culturas, utilizando estos aprendizajes como cimientos para su éxito. Al mismo tiempo, están dispuestos a desafiar y superar cualquier creencia limitante que puedan haber heredado.
4. *Cultivan una mentalidad de crecimiento.* Las personas exitosas entienden que la historia personal no es un destino fijo. En lugar de verse a sí mismos como productos

acabados de sus experiencias pasadas, adoptan una mentalidad de crecimiento. Creen en su capacidad para cambiar, adaptarse y mejorar continuamente. Esta mentalidad les permite ver cada desafío como una oportunidad para expandir sus habilidades y conocimientos.

5. *Utilizan su historia para inspirar a otros.* Los exitosos no solo transforman sus propias vidas, sino que también utilizan su historia personal para inspirar y guiar a otros. Comparten sus experiencias y las lecciones aprendidas para motivar a quienes los rodean. Su historia se convierte en una fuente de poder y conexión, creando un impacto positivo en su comunidad.
6. *Buscan y aprenden de mentores y coaches.* Reconociendo la importancia de la historia personal, los exitosos buscan activamente mentores y *coaches* que hayan superado desafíos similares. Aprenden de las experiencias y sabiduría de otros, acelerando su propio crecimiento y desarrollo. Esta práctica les permite evitar errores comunes y adoptar estrategias efectivas para el éxito.
7. *Están dispuestos a adaptarse y cambiar.* Aunque valoran su historia personal, los exitosos no se aferran rígidamente a ella. Entienden que el mundo está en constante cambio y están dispuestos a adaptarse. Están abiertos a nuevas ideas y perspectivas, permitiendo que sus modelos mentales evolucionen con el tiempo.
8. *Integran las lecciones de su historia en su visión de futuro.* Los exitosos utilizan su historia personal como una base sobre la cual construir su futuro. Integran las lecciones

aprendidas en su visión y planificación, asegurándose de que sus acciones estén alineadas con sus metas y valores. Esta integración les proporciona una hoja de ruta clara y motivadora para alcanzar sus sueños.

Las personas exitosas abordan su historia personal con una mezcla de aceptación, aprendizaje y adaptación. Ven su pasado como una fuente de fortaleza y sabiduría, y utilizan estas experiencias para construir un futuro prometedor. Al reconocer y transformar su historia personal, los exitosos no solo mejoran sus propias vidas, sino que también inspiran y guían a otros en su camino hacia el éxito.

REVISANDO Y TRANSFORMANDO MODELOS MENTALES

En la mayoría de las iglesias hemos aprendido sobre los temperamentos. Esto tiene que ver con lo que somos, pero no de una manera estática e inmutable; es una tendencia que tenemos, es nuestra cultura. A veces nuestra historia habla más fuerte que las palabras. Empecemos a reescribir la historia. ¿Qué historia estás creyendo? Eres lo que hablas. Si te quejas todo el día, solo eres una queja. Empieza a hablar de tu visión.

En este paso cinco, lo que hacemos es revisar los modelos mentales. En un paso anterior trabajamos con el tipo de observador que somos; pero no solamente el tipo de observador, sino el tipo de observador conforme a lo que Dios va diciendo.

El tema de trabajar los modelos mentales es súper importante, y mucho más en Latinoamérica. No es lo mismo la mirada que tiene un salvadoreño, que un colombiano, mexicano, guatemalteco, etc. Muchos de nosotros hemos venido a los Estados Unidos y nos hemos encontrado con que teníamos que trabajar nuestros modelos mentales.

Como *coach* necesitas preguntarte *qué está viendo el coachee*. No te preguntes qué sabe, ni siquiera qué está bien o mal para el *coachee*, sino *qué está viendo*.

O una pregunta que ya es un poquito más profunda: *¿Desde dónde está viendo lo que ve?*

Los modelos mentales tienen que ver con la cultura, la historia que tú tienes, el lenguaje que usas, la biología. ¡La biología tiene tanto que ver! Por eso es importante cuidar el alma, pero también cuidar el cuerpo. Cuando nos sentimos mal, ¿desde dónde miramos? Una de las cosas que trabajamos también en lo biológico tiene que ver con las emociones y con el mismo lenguaje corporal que tenemos.

Los exitosos revisan cuáles son los modelos mentales que se manifiestan.

Hace unos años teníamos un par de procesos de *coaching* muy exitosos, pero se les diluía a algunos que los recibían. Recuerdo, entonces, que escribí en un libro llamado *Emociones que conducen al éxito* lo siguiente: "Él era un músico de los mejores. Todos lo buscaban para estar en su banda. En esa sesión, mientras hablaba, sus manos temblaban y su ojo derecho le titilaba fuertemente. Era perfeccionista y muy pendiente del detalle de sus propias palabras. 'Trato de planificar hasta mis errores', decía. Las emociones lo tenían secuestrado". Asimismo, hice referencia a una infinidad de casos de personas que las emociones los tenían en sus manos. Una de las cosas que trabajé en cuanto a modelos mentales es cómo hay emociones que te hacen filtrar desde un lugar que no es poderoso. ¿No será que estás pensando cómo estás pensando, o que te estás relacionando como te estás relacionando, porque tienes que cambiarle el filtro a tu vida? Así como el aire acondicionado, que hay que cambiarle el filtro, quizá le tienes que cambiar el filtro a tu vida.[15]

Los modelos mentales son los archivos que contienen el comportamiento cotidiano. En los procesos de *coaching* virtual, a los pocos meses voy a visitar a mi *coachee* y, no importa que esté en China, voy y lo visito y lo escucho y pongo atención a su cultura, su historia, qué come, qué no come, cuándo come, cómo es su vida cotidiana.

Necesitas trabajar en la Técnica de la Cocreatividad, en revisar si el modelo mental va a llevar al *coachee* a la visión que planteó en los pasos anteriores, porque tal vez te plantea una visión poderosa, pero tiene un área de transparencia.

INTERVINIENDO EN LOS MODELOS MENTALES

¿Cómo intervenimos en los modelos mentales como *coach*? Revisando sus fuentes, cómo están estructuradas y preguntarse si lo limitan. Esas fuentes son: historia, cultura, biología, lenguaje y estados. En *Punto de partida* (capítulo 5) hablo acerca de los estados: esclavitud, desierto y plenitud.[16] En procesos de *coaching* vemos que hay personas que son muy buenas, pero no logran ir hacia lo extraordinario porque hay algo que los detiene. ¿Cómo intervenir? Herramientas de exploración, por eso es importante estudiar. Una muy buena herramienta para trabajar los modelos

---

15. Héctor Teme, *Emociones que conducen al éxito*, Whitaker House, 2015.
16. Héctor Teme, *Punto de partida*, Whitaker House, 2018.

mentales en la Técnica de la Cocreatividad es la escalera de inferencia y la columna izquierda. ¿Qué hace la escalera de inferencia? Ayuda a trabajar qué es un hecho y qué es una interpretación. Por lo regular, el *coachee* te va a contar su historia como si fuera la verdad y, como *coach* no le vas a comprar toda la historia al *coachee*, y tampoco vas a creer que te está mintiendo. Pero entiendes que hay parte de esa historia que son hechos y otra parte es la interpretación. Cuando no refino mi columna izquierda, es como el petróleo, petróleo sin refinar, que puede hacer trizas un carro. Entonces, necesito refinar mi propia columna izquierda. ¿Qué necesita el *coachee* refinar de la misma columna?

Otras herramientas que uso son, por ejemplo, la indagación. Dile a tu *coachee* que te cuente más sobre su visión: *¿Cómo sería si la realizaras? ¿Cómo lo obtendríamos? ¿Hay algo más que pudiéramos hacer?* Y empiezo a usar alegatos generando contextos que se conviertan en ancla para el *coachee*, desde donde él pueda intervenir en los modelos mentales. Y debería convertirme en un maestro en preguntar. El problema que tienen muchos pastores es que rápidamente se van a la consejería, y ni hablar si eres profeta: "El Señor me dijo...", y enseguida le bajas lo que Dios te trae. ¿Y qué tal si lo haces preguntando? ¿Qué historia se está creyendo? ¿Qué le alcanza o qué no le alcanza?

PREGUNTAS DE DIAGNÓSTICO

1. ***¿Qué modelos mentales identificas que están influenciando tu percepción de tus metas y objetivos?***

    » Esta pregunta ayuda a que el *coachee* tome conciencia de los supuestos y creencias que guían su pensamiento y acciones.

2. ***¿Cómo crees que tu historia personal ha moldeado tu forma de ver y reaccionar ante los desafíos?***

   » Permite explorar el impacto de la historia personal del *coachee* en su manera de interpretar y enfrentar situaciones.

3. ***¿De qué manera tu cultura ha influenciado tus creencias y comportamientos actuales?***

   » Ayuda a identificar la influencia cultural en la percepción y acciones del *coachee*.

4. ***¿Qué tipo de lenguaje sueles usar para describir tus experiencias y cómo crees que esto afecta tu interpretación de las mismas?***

   » Evalúa cómo el lenguaje del *coachee* puede estar limitando o potenciando su percepción y comprensión de sus experiencias.

5. ***¿Cómo respondes físicamente a situaciones de estrés o desafío, y qué crees que esto dice sobre tus modelos mentales?***

   » Explora la relación entre la biología del *coachee* y sus modelos mentales, observando las respuestas físicas a situaciones de estrés.

PREGUNTAS DE *COACHING*

1. ***¿Qué nuevos modelos mentales podrías adoptar para ver tus desafíos desde una perspectiva más empoderada y constructiva?***
   » Invita al *coachee* a considerar y adoptar nuevos supuestos que les permitan enfrentar los desafíos de manera más efectiva.
2. ***¿Cómo puedes transformar tus experiencias pasadas en lecciones positivas que impulsen tu crecimiento y desarrollo?***
   » Fomenta la recontextualización de experiencias pasadas para que sirvan como impulso positivo en lugar de barreras.
3. ***¿Qué cambios en tu lenguaje verbal puedes hacer para alinear mejor tu discurso con tus objetivos y visión de futuro?***
   » Motiva al *coachee* a modificar su uso del lenguaje para que refleje y apoye mejor sus metas y aspiraciones.
4. ***¿Cómo puedes incorporar y respetar tu biología en la planificación y ejecución de tus acciones hacia tus objetivos?***
   » Promueve la integración de la biología del *coachee* en su proceso de planificación para asegurar un enfoque holístico y sostenible.

5. ***¿Qué pasos específicos puedes tomar para desafiar y modificar las influencias culturales que puedan estar limitando tu crecimiento?***

    » Ayuda al *coachee* a identificar acciones concretas para cuestionar y transformar las influencias culturales limitantes.

10

PASO 6: JUICIOS Y ÁREAS DE TRANSPARENCIA

El sexto paso en la Técnica de la Cocreatividad que los exitosos hacen consiste en preguntarse: *¿Qué juicios me tienen?* Empecemos por determinar qué es un juicio, opinión o valoración.

Uno de los problemas más graves en la sociedad actual es que muchos juicios se toman como si fueran verdades absolutas. Has escuchado frases como "es verdad" o "es cierto", y aunque estas declaraciones pueden tener un efecto motivador, el problema surge cuando se convierten en verdades indiscutibles. Entender la diferencia entre descripción, declaración y valoración es clave y sanador para la vida de las personas. Las descripciones pueden ser verdaderas o falsas, las declaraciones pueden ser válidas o inválidas, y los juicios u opiniones pueden ser fundados o infundados.

HACIA EL RESULTADO EXTRAORDINARIO

Una de las claves fundamentales que los exitosos practican es hacerse cargo de su relación con los juicios, opiniones y valoraciones que tienen. Muchos no pueden profundizar en el entendimiento porque toman todo lo que piensan y sienten como verdad absoluta. Es crucial revisar los juicios maestros que nos tienen. Cuando creemos que las opiniones son la verdad, solo buscaremos en ellas lo correcto o lo incorrecto, y no una manera de mirar la vida. Debemos aprender a separar los juicios y opiniones de nuestras propias interpretaciones, que son producto de nuestra historia, cultura, lenguaje, llamado, propósito y visión.

DEBEMOS APRENDER A SEPARAR LOS JUICIOS Y OPINIONES DE NUESTRAS PROPIAS INTERPRETACIONES

EL PODER DE LOS JUICIOS POSITIVOS

Los juicios nos sirven para diseñar nuestro futuro. Esta afirmación encierra una profunda verdad sobre cómo nuestras creencias y percepciones influyen en las acciones que tomamos y en los resultados que obtenemos. Los juicios —que son opiniones o creencias que tenemos sobre nosotros mismos y el mundo— actúan como marcos de referencia que guían nuestras decisiones y comportamientos. Si creemos que algo es posible, actuamos en consecuencia para que esa posibilidad se materialice. En cambio, si creemos que algo es imposible, nos limitamos y nuestras acciones reflejan esa creencia, restringiendo nuestras oportunidades.

EL JUICIO COMO HERRAMIENTA DE AUTOEVALUACIÓN

Los juicios también pueden ser una herramienta valiosa para la autoevaluación y el crecimiento personal. Reconocer nuestras limitaciones y áreas de mejora es un primer paso crucial para el desarrollo. Sin embargo, es igualmente importante tener juicios constructivos y no caer en la autocrítica destructiva. Al evaluar nuestras habilidades y situaciones con honestidad, podemos identificar los pasos necesarios para mejorar y avanzar. Esto implica aceptar que todos tenemos áreas que pueden ser mejoradas y que el crecimiento es un proceso continuo.

EL IMPACTO DE LOS JUICIOS EN LAS RELACIONES

Los juicios no solo afectan nuestra autopercepción, sino también cómo nos relacionamos con los demás. Las opiniones que tenemos sobre otras personas y las expectativas que establecemos pueden influir en nuestras interacciones y relaciones. Estos juicios pueden fortalecer los vínculos y fomentar un ambiente de confianza y apoyo mutuo. Sin embargo, los juicios negativos o infundados pueden deteriorar las relaciones y crear conflictos innecesarios. Es fundamental ser consciente de nuestros juicios y evaluarlos constantemente para asegurarnos de que están basados en hechos y no en suposiciones o prejuicios.

DESAFIAR LOS JUICIOS NEGATIVOS

Desafiar y reestructurar los juicios negativos es esencial para el crecimiento personal y profesional. Los juicios negativos, como creer que no somos capaces de lograr algo o que no merecemos el éxito, pueden convertirse en barreras autoimpuestas que limitan nuestro potencial. Es vital cuestionar estos juicios y reemplazarlos por creencias que nos empoderen. Este proceso implica un trabajo interno de autoaceptación y confianza en nuestras capacidades. Al hacerlo, cambiamos la narrativa interna y comenzamos a actuar de manera que nuestros juicios positivos se conviertan en realidad.

FUNDAMENTOS DE LOS JUICIOS

Para que un juicio sea útil y productivo debe estar bien fundamentado. Los juicios infundados, que carecen de un propósito claro o un estándar de evaluación pueden ser dañinos y limitantes. Un juicio fundado se basa en hechos concretos y evidencias, y proporciona una base sólida para la toma de decisiones. Evaluar y fundamentar nuestros juicios nos permite discernir entre lo que es una percepción subjetiva y lo que es una realidad objetiva. Esta distinción es crucial para tomar decisiones informadas y efectivas.

TRANSFORMACIÓN A TRAVÉS DE LOS JUICIOS

Los juicios conectan el pasado, el presente y el futuro. Los juicios que tenemos hoy están influenciados por nuestras experiencias pasadas, pero también tienen el poder de moldear nuestro futuro. Participamos activamente en la creación de nuestro futuro a través de nuestros juicios y las acciones que estos generan. Desarrollar y mantener juicios de posibilidad y esperanza nos permite diseñar un futuro más positivo y alineado con nuestras aspiraciones y valores.

CONDICIONES PARA FUNDAR UN JUICIO

Para que un juicio sea válido y útil debe cumplir con ciertos criterios. Aquí hay cinco pasos para fundar un juicio:

1. *Propósito claro (para qué).* Un juicio debe tener un propósito claro. Al emitir un juicio debemos preguntarnos cuál es el objetivo detrás de este. ¿Estamos tratando de mejorar una situación, ofrecer una crítica

constructiva, o simplemente expresar una opinión? Tener un propósito claro nos ayuda a ser más conscientes y deliberados en nuestros juicios, asegurando que estos sean útiles y constructivos.

2. *Dominio.* Es importante entender en qué dominio o contexto se emite el juicio. Los juicios pueden variar significativamente dependiendo del área de aplicación. Por ejemplo, alguien puede ser puntual en su vida laboral pero no en su vida personal. Identificar el dominio específico ayuda a evitar generalizaciones y permite una evaluación más precisa y justa.
3. *Estándar de evaluación.* Los juicios deben basarse en un estándar de evaluación coherente. Esto significa que deben estar fundamentados en hechos y evidencias concretas que puedan ser verificadas y aceptadas por otros. Un juicio sin un estándar de evaluación puede ser arbitrario y subjetivo, mientras que un juicio bien fundamentado proporciona una base sólida para la toma de decisiones y la acción.
4. *Afirmaciones concretas.* Para que un juicio sea fundado, debe estar respaldado por afirmaciones concretas. Estas afirmaciones deben ser observables y verificables. Por ejemplo, si decimos que alguien es puntual, debemos proporcionar ejemplos específicos que respalden esta afirmación. Reunir estas afirmaciones ayuda a fundamentar el juicio y a hacerlo más creíble y robusto.
5. *Contrario fundado.* Un juicio bien fundado debe poder resistir la prueba del juicio contrario. Esto significa

que si alguien puede presentar un juicio contrario bien fundamentado, el juicio original puede ser cuestionado. Si no hay evidencia sólida que refute el juicio, entonces se puede considerar como fundado. Evaluar los juicios contrarios nos ayuda a confirmar la validez y la solidez de nuestros propios juicios.

Los juicios son herramientas poderosas que pueden influir significativamente en nuestro futuro. Al reconocer y reformular nuestros juicios podemos diseñar un futuro más positivo y próspero. Evaluar constantemente nuestros juicios, asegurarnos de que están bien fundamentados y utilizarlos para guiar nuestras acciones y decisiones hacia el éxito, es esencial para el crecimiento y la transformación personal. A través de juicios positivos y constructivos podemos abrir puertas a nuevas oportunidades, fortalecer nuestras relaciones y alcanzar metas más ambiciosas.

PROFUNDIZA EN LOS JUICIOS MAESTROS QUE TE TIENEN

En este sexto paso la pregunta es: ***¿Cuáles son los juicios que me tienen?*** No los que tengo. Recuerda que los juicios maestros son esos que te llevan. Muchos tienen juicios que los limitan, los agarran. ***¿Cuáles son esos juicios que no te permiten llegar a la visión?*** Los juicios maestros son los que tiñen nuestra manera de ver las cosas y nos desenfocan. Son limitantes que tomamos como ciertos. Y condiciona nuestro actuar.

¿Por qué algunos logran un éxito enorme y otros no? ¿Por qué algunos disfrutan de la vida y otros no?

Hace un tiempo atrás hacíamos un entrenamiento por día y terminábamos en cama, o quizá alguno de ustedes les habrá pasado que en alguna oportunidad de su vida predicaron solo una vez. Hoy lo hacemos cuatro o cinco veces por día y lo disfrutamos. ***¿Por qué?*** Porque el juicio maestro cambia. Por ejemplo, los argentinos tienen un juicio maestro acerca de la manera que tienen de hablar o gritar, y lo justifican diciendo que vienen de los italianos y los españoles, y ellos hablan así y con las manos; o los centroamericanos que te hablan bajito por las dudas, para no ser irrespetuosos; o el puertorriqueño que dice que la vida tiene que vivirse con *swing* porque si no, no es vida. Eso es un juicio maestro que uno tiene que aprender a ver y preguntarse si le sirve para ser quien Dios lo llamó a ser.

¿Cuáles son los juicios maestros de los *exitosos?* Ahí está la clave. ***¿Cómo te das cuenta que es un juicio maestro?*** Porque son transparentes. Por más que yo le dé herramientas al *coachee*, debo tener cuidado de no darle herramientas a una mente vieja. Vemos personas que pasan por sanidad interior, encuentros, reuniones intensivas y a los dos meses vuelven al mismo lugar. ***¿Por qué?*** Porque le dimos material a una mente vieja. Necesitamos reinterpretar, ayudar al *coachee* a trabajar aquellas cosas que lo diluyen, esos juicios maestros que lo tienen atrapado. El *coachee* modifica el juicio maestro cuando somos capaces de reinterpretar aquellas valoraciones que lo tienen atrapado, puede aprender de eso, y es capaz de darle un sentido más poderoso.

Si tienes futuro, del pasado se aprende.

Si no tienes futuro, el pasado te aplasta.

Por eso es tan importante diseñar una visión en tu vida, en tus relaciones, en tu productividad.

*Plantéate esto: si tuvieras el éxito asegurado, **¿dónde estarías? ¿Estarías donde estás hoy? ¿Qué te falta?*** Y ahí es donde trabaja el juicio. Hay juicios maestros colectivos que hay que trabajar, que hay que aprender a diluir, y se diluyen desde el modelo de reinterpretación, desde la valoración o desde el sentido. Debemos profundizar en el juicio maestro. Tenemos que trabajar herramientas que nos ayuden a explorar el juicio maestro. La declaración de quiebre es una herramienta poderosa; puedo encontrar el juicio maestro que salta cuando el *coachee* se confronta con la interrupción entre su visión y los compromisos declarados con respecto a la visión.

En el libro *Lo que los exitosos piensan*,[17] trabajamos la herramienta *Amplitud de visión*. Una de las claves es trabajar un acto declarativo. ***¿Por qué puedo ser un buen coach?*** Yo estoy seguro de algo, en mis juicios maestros estoy seguro de que si yo tengo un *coachee* delante que tiene una visión clara y que es la voluntad de Dios en su vida, yo lo voy a ayudar y lo voy a asistir a que lo logre sin dudarlo. Me ha pasado en todos estos años, he asistido y ayudado a muchos a lograrlo. *¿Pero por qué eso está en mi juicio maestro?* Porque vengo de trabajar las declaraciones de quiebre constantemente.

PREGUNTAS DE DIAGNÓSTICO

1. ***¿Qué juicios tienes sobre tus habilidades y capacidades actuales?***

   » Esta pregunta ayuda a identificar las creencias del *coachee* sobre sus propias habilidades, lo que puede influir en su autopercepción y acciones.

17. Héctor Teme, *Lo que los exitosos piensan*, Whitaker House, 2020.

2. *¿Qué juicios u opiniones sobre ti mismo crees que están limitando tu progreso hacia tus metas?*
   - Permite explorar los juicios negativos que pueden estar actuando como barreras para el avance del *coachee*.
3. ***¿Cómo influyen los juicios de los demás en tus decisiones y acciones?***
   - Evalúa el impacto de las opiniones externas en el comportamiento y las decisiones del *coachee*.
4. ***¿Qué juicios has aceptado como verdades absolutas sin cuestionar su validez?***
   - Ayuda a identificar las creencias profundamente arraigadas que el *coachee* ha tomado como verdades sin analizarlas críticamente.
5. ***¿Cuáles son los juicios maestros que más han influido en tu vida y carrera hasta ahora?***
   - Permite al *coachee* reflexionar sobre los juicios más significativos que han moldeado su trayectoria.

PREGUNTAS DE *COACHING*

1. ***¿Cómo puedes reestructurar un juicio negativo que tienes sobre ti mismo en una creencia más empoderadora?***
   - Invita al *coachee* a transformar sus juicios negativos en positivos, fortaleciendo su autoconfianza.

2. ***¿Qué evidencias necesitas reunir para desafiar y cambiar un juicio infundado que limita tu crecimiento?***
   » Fomenta la búsqueda de pruebas concretas que permitan al *coachee* cuestionar y modificar juicios infundados.
3. ***¿Cómo puedes utilizar juicios positivos para diseñar y alcanzar un futuro extraordinario?***
   » Motiva al *coachee* a utilizar creencias constructivas como herramientas para visualizar y perseguir sus metas.
4. ***¿Qué pasos específicos puedes tomar para fundamentar mejor tus juicios y asegurar que estén basados en hechos y evidencias?***
   » Promueve la adopción de un enfoque crítico y basado en evidencias para validar los juicios del *coachee*.
5. ***¿Cómo puedes asegurarte de que tus juicios maestros estén alineados con tu visión y propósito de vida?***
   » Ayuda al *coachee* a revisar y alinear sus creencias fundamentales con sus objetivos y valores personales.

11

PASO 7: REALIZA OBSERVACIONES SEGÚN LA VISIÓN

En el séptimo paso del camino hacia el éxito nos encontramos con una tarea esencial: realizar observaciones agudas según la visión. Aquí es donde comenzamos a ver más allá de lo evidente, deteniéndonos a observar no solo lo que tenemos delante, sino también lo que aún nos falta. Este proceso es fundamental para transformar nuestra manera de ser y alcanzar la grandeza.

LA IMPORTANCIA DE LA OBSERVACIÓN

"Lo esencial es invisible a los ojos"

—Antoine de Saint-Exupéry[18]

Cuando sabemos hacia dónde vamos y nos comprometemos con esa dirección, es crucial tomar conciencia de la brecha entre quién somos hoy y quién elegimos ser en el futuro. Esta brecha es el espacio donde ocurren las transformaciones, donde se forjan los cambios y se construyen los puentes hacia nuestros sueños.

---

18. Saint-Exupéry, Antoine de. *Le Petit Prince*. París: Gallimard, 1943.

OBSERVANDO DESDE LA VISIÓN

El primer paso en este proceso es aprender a observar desde la visión. Esto significa que en lugar de mirar nuestras circunstancias actuales, nos posicionamos en el futuro deseado y miramos hacia atrás. Desde esa posición podemos identificar qué nos falta hoy para llegar a donde queremos estar mañana.

> "El 'no tengo' habla del ayer, el 'me falta' habla del mañana". —Héctor Teme

Lo que los exitosos hacen en este paso es observar hacia dónde van, y luego y se comprometen. El poder no reside solo en la acción, sino en el proceso de *coaching* que les ayuda a tomar conciencia de la brecha entre quién son y quién eligen ser. Con la manera de ser que tuviste, llegaste hasta aquí.

LA HERRAMIENTA DE LA VISIÓN Y EL COMPROMISO

Aquí aparece una de las herramientas más poderosas de la técnica: dejar de mirar el futuro desde la acción y la planificación, y verlo desde la visión y el compromiso. En este proceso, la brecha brilla y se convierte en una aventura entre quién soy y quién elijo ser. Esta brecha me pertenece, está bendecida, y no es una simple meta externa sujeta a mil factores que pueden detenerla; vive dentro de mí, es mi desafío y me hace crecer. Me permite ver lo que hasta ahora no veía y levantarme cada mañana con optimismo, mirando hacia el futuro con esperanza. Sin depender de factores externos, sino del propósito de Dios para mí, cada obstáculo se convierte en una oportunidad. Para avanzar hacia un futuro poderoso, necesitas darte cuenta de lo que te falta, y trabajar en acortar esa brecha.

SIN DEPENDER DE FACTORES EXTERNOS, SINO DEL PROPÓSITO DE DIOS PARA MÍ, CADA OBSTÁCULO SE CONVIERTE EN UNA OPORTUNIDAD.

IDENTIFICANDO LA BRECHA

Para cruzar la brecha, primero debemos identificar las acciones que nos permitirán reducirla. Esto puede implicar iniciar nuevos negocios, estudiar algo nuevo, o buscar mentores y maestros que nos guíen. No importa cuán extraordinarios sean nuestros recursos externos, si no transformamos nuestra manera de observar y actuar, difícilmente lograremos el cambio que buscamos.

> "La diferencia entre quién eres y quién quieres ser está en lo que haces". —Héctor Teme

LENGUAJE Y OBSERVACIÓN

El lenguaje que usamos refleja nuestra visión y nuestras observaciones. Como lo mencionamos, si constantemente hablamos de lo que no tenemos, estamos anclados en el pasado. En cambio, cuando hablamos de lo que nos falta, miramos hacia el futuro. Este cambio en el lenguaje es crucial para alinear nuestras acciones con nuestra visión.

CONGRUENCIA EN LA ACCIÓN

La etapa de la congruencia es cuando nuestras palabras y nuestras acciones están en línea. Aquí debe coincidir lo que pensamos y lo que hacemos. Es en esta etapa donde se forjan los verdaderos cambios y donde comenzamos a ver resultados tangibles.

HERRAMIENTAS PARA LA OBSERVACIÓN

Para aquellos momentos en los que no vemos con claridad existen herramientas y técnicas que nos pueden ayudar. Las técnicas de pensamiento creativo son especialmente útiles para sacar al *coachee* o a la organización de una etapa de estancamiento o de procesos rutinarios. Estas técnicas fomentan la innovación, la reinvención y la transformación.

> "La innovación distingue a los líderes de los seguidores".
>
> —Steve Jobs[19]

REINVENCIÓN Y TRANSFORMACIÓN

El proceso de observación también incluye la reinvención y la transformación. No se trata solo de mejorar continuamente, sino de ser disruptivos, de romper con lo establecido y de crear nuevas formas de hacer las cosas. Ya no observamos el diagnóstico desde hoy, sino que traemos esa visión a nuestra mente cotidiana y actuamos desde allí.

LA BRECHA COMO OPORTUNIDAD

Ver la brecha entre quién somos y quién queremos ser no es motivo de desánimo, sino una oportunidad para crecer y aprender. Cada paso hacia la reducción de esa brecha es un paso hacia nuestra mejor versión.

> "No te preguntes qué necesita el mundo. Pregúntate qué te hace sentir vivo y hazlo, porque lo que el mundo necesita es gente que se sienta viva". —Howard Thurman[20]

---

19. Walter Isaacson, *Steve Jobs*, 2011.
20. Howard Thurman, citado en numerosas fuentes secundarias sobre inspiración y propósito.

TRANSFORMANDO EL PRESENTE DESDE LA VISIÓN

Realizar observaciones según la visión es un paso poderoso en el proceso de cocreatividad. Nos permite ver más allá de lo evidente, identificar nuestras faltas y trabajar en ellas con determinación. Es un proceso que requiere compromiso, congruencia y un cambio en nuestra manera de observar el mundo.

> "El éxito no es la clave de la felicidad. La felicidad es la clave del éxito. Si amas lo que estás haciendo, serás exitoso".
> —Albert Schweitzer

Enfócate en tu visión, observa desde allí y transforma tu presente. Así no solo serás testigo de tu propio crecimiento, sino que también inspirarás a otros a seguir el camino hacia el éxito extraordinario.

PREGUNTAS DE DIAGNÓSTICO

1. ***¿Cómo describirías la brecha entre tu situación actual y tu visión futura?***
   - » Esta pregunta ayuda a identificar y definir claramente la diferencia entre la realidad presente y la visión deseada del *coachee*.

2. ***¿Qué observaciones haces habitualmente sobre tus circunstancias actuales y cómo crees que afectan tu progreso hacia tu visión?***
   - » Permite explorar las percepciones y observaciones del *coachee* sobre su situación actual y cómo estas pueden estar influyendo en su camino hacia la visión.

3. ***¿Cuáles son las acciones y comportamientos actuales que te han llevado hasta aquí y cómo necesitan cambiar para alinearse con tu visión?***
    » Ayuda a identificar patrones de comportamiento y acciones actuales que pueden necesitar ajuste para alinearse con la visión futura.
4. ***¿Qué te falta hoy que es crucial para alcanzar tu visión del mañana?***
    » Explora las áreas clave en las que el *coachee* necesita trabajar para cerrar la brecha entre su situación actual y su visión futura.
5. ***¿Cómo refleja tu lenguaje tu enfoque en el presente y en el futuro, y qué cambios crees que son necesarios?***
    » Evalúa cómo el uso del lenguaje del *coachee* puede estar afectando su enfoque en el presente y futuro, y qué modificaciones podrían ser beneficiosas.

PREGUNTAS DE *COACHING*

1. ***¿Cómo puedes empezar a observar tus circunstancias desde tu visión futura en lugar de tu situación actual?***
    » Invita al *coachee* a cambiar su perspectiva y a mirar su situación desde el punto de vista de su visión futura.

2. ***¿Qué pasos específicos puedes tomar para cerrar la brecha entre tu situación actual y tu visión futura?***
   » Fomenta la identificación de acciones concretas que el *coachee* puede emprender para avanzar hacia su visión.
3. ***¿Cómo puedes asegurarte de que tu lenguaje y tus pensamientos están alineados con tu visión y no con tus limitaciones actuales?***
   » Motiva al *coachee* a ajustar su lenguaje y pensamiento para que estén en sintonía con su visión y no con sus limitaciones actuales.
4. ***¿Qué nuevas técnicas o herramientas de observación puedes implementar para mantenerte enfocado en tu visión y detectar oportunidades de mejora?***
   » Ayuda al *coachee* a identificar y utilizar herramientas o técnicas que le permitan mantenerse enfocado en su visión y mejorar continuamente.
5. ***¿Cómo puedes transformar las observaciones sobre lo que te falta en acciones positivas y constructivas hacia tu visión?***
   » Promueve la transformación de las observaciones sobre las carencias en acciones concretas que impulsen al *coachee* hacia su visión.

12

PASO 8: TEN CONVERSACIONES CONDUCENTES

En el octavo paso hacia el éxito nos sumergimos en el arte de las conversaciones conducentes. Este es un paso crucial en el proceso de cruzar la brecha hacia tu visión, ya que las conversaciones que tienes pueden ser el puente que te lleva de tu situación actual al futuro deseado. En muchos de nuestros países estamos acostumbrados a la acción inmediata.

Sin embargo, antes de actuar, primero debemos conversar. *¿Con quién debo conversar? ¿Qué conversaciones me faltan?*

Pero no solamente conversaciones, sino también conversaciones que nos conduzcan a la visión.

Recuerdo un sabio amigo que decía: "Si deseas que algo no se logre, no lo critiques o no lo anules, solo agrándalo". ¿En qué momento el poder se diluye? Cuando permitimos que las conversaciones nos lleven a otro lado, en lugar de enfocarnos en aquellos desafíos que la brecha nos va sugiriendo y en aquellas observaciones que tienen que ver con quiénes somos y quiénes queremos ser.

Este no solo es un excelente momento para poner en el lenguaje quiénes queremos ser, sino que además debemos hacer que nuestras conversaciones nos lleven a ese punto. Recuerda: estamos a una conversación de distancia de cambiar el mundo.

EL PODER DE LAS CONVERSACIONES

El próximo paso, que es clave para observar, es comprometerse a que todas tus conversaciones te conduzcan a la visión. Por eso es tan importante tener una visión clara y cuantificable. Lo que los exitosos hacen es aterrizar esa visión. No se trata solo de ser mejor o tener más paciencia, sino de acciones concretas. La visión la veo, la huelo, la toco, la siento, y la empiezo a poner en mi lenguaje; hablo desde la visión. Nosotros llevamos más de treinta años con la visión de transformar el pensamiento de Iberoamérica y lo estamos logrando. Cada vez más líderes en Iberoamérica están hablando del MÉTODOCC. Nuestra visión no fue liderar Iberoamérica ni armar un movimiento apostólico, sino asistir a apóstoles, pastores, profetas y líderes para que puedan lograrlo, y desde ahí conversamos.

EL TIPO DE CONVERSACIONES QUE TIENES

¿Qué tipo de conversaciones estás teniendo? Como *coach,* este paso es para ayudar al *coachee* a tener conversaciones que lo ayuden a construir y avanzar hacia la visión. Estas son conversaciones que tienes contigo mismo, con los demás y con Dios. No se trata solo de hablar bonito con los demás, sino de tener un diálogo sincero y constructivo.

COMPETENCIAS COMUNICACIONALES

Aquí es donde utilizamos las herramientas de *coaching* y las competencias comunicacionales: entrega, entendimiento, emociones, empatía, escucha y respeto. *¿Cómo estás manejando estas* *competencias? ¿Estás entregando todo sin reservas? ¿Comprendes más allá de tus propias palabras?*

¿Tus emociones te ayudan a tener una comunicación efectiva o te dejas llevar por ellas?

¿Validas el hablar del otro o solo escuchas aquello que te gusta escuchar?

Revisemos con más profundidad las competencias comunicacionales para poder tener una conversación conducente que me permita cruzar la brecha entre quién soy y quién elijo ser.

Lo que los exitosos hacen es usar cada una de estas herramientas, todos los días de su vida para poder ir hacia nuevos lugares.

Exploraremos las competencias comunicacionales que los exitosos dominan, y cómo estas habilidades no solo mejoran nuestras interacciones diarias, sino que también son cruciales para el liderazgo, el *coaching* y las relaciones personales.

LA ENTREGA: EL ARTE DE DAR SIN ESPERAR

Imagínate el océano, vasto y generoso, entregando sus olas una tras otra sin pedir nada a cambio. Así es la entrega en la comunicación. No es un simple intercambio de palabras, sino un acto de dar desde el corazón, sin expectativas. Este principio, tan arraigado en el amor divino, nos enseña que comunicar no es una transacción, sino una donación genuina de nosotros mismos. Desde niños aprendemos a hablar y a caminar, pero no siempre a entregarnos en nuestras palabras. En el mundo del *coaching* esta entrega se vuelve crucial. Un *coach* no está allí para intercambiar valor por valor, sino para dar apoyo incondicional. Esta entrega crea un espacio donde el *coachee* se siente valorado y comprendido, fomentando un crecimiento auténtico.

EMPATÍA: EL VIAJE A TRAVÉS DE LOS OJOS DEL OTRO

La empatía es cómo cambiar de zapatos con otra persona y caminar una milla en su lugar. Es un acto de humildad y comprensión profunda. No se trata solo de ver desde la perspectiva del otro, sino de sentir, de entender sus miedos, sus sueños, sus dolores. En una sociedad tan diversa, los líderes exitosos son aquellos que pueden mirar a través de los ojos de su equipo, entender sus historias, sus culturas, sus desafíos. Esta capacidad de ver más allá de uno mismo no solo fortalece las relaciones, sino que también enriquece la toma de decisiones, haciéndolas más inclusivas y justas.

EN UNA SOCIEDAD TAN DIVERSA, LOS LÍDERES EXITOSOS SON AQUELLOS QUE PUEDEN MIRAR A TRAVÉS DE LOS OJOS DE SU EQUIPO, ENTENDER SUS HISTORIAS, SUS CULTURAS, SUS DESAFÍOS.

ENTENDIMIENTO: MÁS ALLÁ DE LAS PALABRAS

Hablar es fácil, pero ¿cuántas veces nos hemos encontrado con malentendidos que nos llevan a la frustración? El entendimiento es la piedra angular de la comunicación efectiva. No se trata solo de transmitir información, sino de asegurarse de que el mensaje sea recibido y comprendido en su totalidad.

Los líderes y *coaches* exitosos verifican constantemente que su mensaje haya sido entendido. Utilizan preguntas abiertas, escuchan activamente y se aseguran de que todos estén alineados. Este entendimiento mutuo evita conflictos y asegura que todos trabajen hacia los mismos objetivos.

RESPETO: LA VALORACIÓN DEL OTRO COMO SER ÚNICO

Cada persona es un universo en sí mismo, con una historia, una cultura y una perspectiva únicas. El respeto en la comunicación implica reconocer y valorar esa unicidad. No es necesario estar de acuerdo con todo, pero sí es fundamental respetar al otro como un ser legítimo y valioso.

En el *coaching*, este respeto se traduce en una relación de confianza. El *coach* respeta las decisiones y los tiempos del *coachee*, creando un espacio seguro para la reflexión y el crecimiento. En el liderazgo, el respeto fomenta un ambiente de trabajo inclusivo y colaborativo, donde cada voz es escuchada y valorada.

LA ESCUCHA: EL SILENCIO QUE VALIDA LAS PALABRAS

Escuchar es un arte, un acto de presencia plena. No es simplemente oír, sino realmente prestar atención, entender y validar al otro. Los exitosos saben que la escucha activa es esencial para una comunicación efectiva. Valida el acto de hablar y muestra al interlocutor que es importante y valorado.

Un líder que escucha activamente capta las necesidades y preocupaciones de su equipo, lo que le permite tomar decisiones más informadas y justas. Un *coach* que escucha puede entender mejor los desafíos y las aspiraciones del *coachee*, proporcionando un apoyo más efectivo y personalizado.

MANEJO DE EMOCIONES: ALINEAR EL CUERPO Y LAS PALABRAS

Las emociones son el lenguaje del alma, y nuestro cuerpo las expresa constantemente, incluso cuando no somos conscientes de ello. El manejo de emociones en la comunicación implica ser consciente de nuestras emociones y de cómo se manifiestan en nuestro cuerpo. Es alinear nuestras palabras con nuestro lenguaje corporal para asegurar una comunicación coherente y auténtica.

Un líder que gestiona bien sus emociones transmite confianza y seguridad. Un *coach* que maneja sus emociones puede crear un ambiente de calma y apoyo, permitiendo al *coachee* explorar sus propios sentimientos sin miedo a ser juzgado.

Estas competencias son las estrellas que guían nuestro camino hacia el éxito. Entrega, empatía, entendimiento, respeto, escucha y manejo de emociones no son solo habilidades, sino valores que transforman nuestras interacciones y nos permiten conectar de manera profunda y significativa.

Los exitosos no solo hablan, sino que comunican desde el corazón, creando puentes de comprensión y apoyo que conducen a la grandeza. Al desarrollar estas competencias, nos convertimos en comunicadores poderosos, capaces de inspirar, liderar y transformar nuestras vidas y las de aquellos que nos rodean.

CONTEXTOS CONVERSACIONALES

Es importante observar cómo el *coachee* maneja los contextos conversacionales. ¿Sabe la diferencia entre un diálogo, una discusión, una valoración, un debate? ¿Utiliza declaraciones, promesas, ofertas y pedidos de manera efectiva o sigue describiendo lo que le pasa y lo que sucedió en el pasado? Las conversaciones que tiene, ¿lo conducen a quién quiere ser?

Los contextos no se esperan, se generan. Jesús, por ejemplo, fue llamado a sanar a una niña, pero cuando llegó, ella ya estaba muerta. Sin embargo no se dejó influenciar por el ambiente desfavorable. Él generó el contexto adecuado para que ocurriera el milagro. Del mismo modo, debemos aprender a generar los contextos en los que queremos vivir, en lugar de simplemente describir lo que nos pasa. Los contextos conversacionales son:

1. *Contextos de relación.* Estas son conversaciones donde se usan descripciones y valoraciones de manera ligera. La prioridad es estar para el otro, usando competencias como la entrega, la empatía y la presencia. En estos contextos, no se hacen actos declarativos, sino que se busca generar un espacio para conocerse y entender al otro.
2. *Contextos de reflexión.* Se dividen en diálogo y discusión. El diálogo permite escuchar e indagar en los juicios del otro sin hacer actos declarativos. La discusión o debate, por otro lado, puede ser talentoso, cortés, tosco o crónico, dependiendo de su propósito y dinámica.
3. *Contextos de valoración.* En estos contextos se plantean valoraciones y se piden hechos concretos que las sustenten. Se utilizan cinco pasos para fundar un juicio: el propósito, el dominio, el estándar, hechos que lo prueben, y que no haya hechos en contra.
4. *Contextos de visión o diseño de brecha.* Estas conversaciones son generativas, crean nuevas posibilidades y

compromisos. A diferencia de las declaraciones, los enunciados en estos contextos no son necesariamente autoritarios, sino que buscan inspirar y proyectar un futuro deseado.

5. *Contextos para la acción*. Aquí se usan declaraciones, pedidos, ofertas y promesas. No hay espacio para descripciones ni valoraciones, solo para la acción. Este contexto pone a las personas en el futuro y las prepara para actuar de manera efectiva.

La habilidad de generar contextos conversacionales profundos es esencial para el éxito. Los líderes deben aprender a hablar desde el propósito y la convicción, no desde el poder o el recurso. Al respetar y ver al otro como un legítimo colega se pueden crear diálogos poderosos y acciones efectivas.

COMPROMISOS CONVERSACIONALES

Los compromisos conversacionales incluyen pedidos, ofertas y promesas. Es posible que necesites revisar qué es un pedido, una oferta, una promesa y cómo utilizar el lenguaje para construir con el *coachee* quién elige ser.

> "El éxito no se mide por lo que logras, sino por la oposición que has encontrado, y el valor con el que has mantenido la lucha contra las probabilidades abrumadoras".
>
> —Orison Swett Marden[21]

Es crucial entender la diferencia entre un pedido y un compromiso. Un pedido es una solicitud puntual, mientras que un

21. Orison Swett Marden, citado en *Pushing to the Front*, 1894.

compromiso implica una responsabilidad continua y profunda. La capacidad de comprometerse está directamente relacionada con lo que estamos dispuestos a hacer para alcanzar nuestros objetivos. Para lograr algo extraordinario debemos hacer cosas que nunca antes hemos hecho y estar dispuestos a cambiar y ajustarnos continuamente.

EL PODER DEL COMPROMISO

Comprometerse significa caminar con determinación, incluso en territorios inexplorados. Es enfrentarse a la incertidumbre, hablar con personas sin saber cómo responderán, y hacer pedidos con el riesgo de ser rechazados. La fortaleza se desarrolla a través de la persistencia, aprendiendo de los fracasos y soportando la frustración.

COMPROMISO EN LA COMUNICACIÓN

Hablar nunca es un acto inocente. Cada vez que hacemos una afirmación nos comprometemos con la veracidad de lo que decimos. Esto incluye la responsabilidad de proveer evidencia y testigos cuando sea necesario. Al hacer una declaración debemos tener la autoridad y la capacidad para validarla. El compromiso también se extiende a las promesas, donde la sinceridad y la competencia en su cumplimiento son esenciales.

CIRCUITOS DE COMPROMISO

El circuito del compromiso se completa cuando las promesas y pedidos se cumplen. Un pedido no tiene sentido sin una respuesta adecuada, y una oferta es válida cuando se concluye satisfactoriamente. Los juicios deben estar fundamentados para no romper los compromisos conversacionales. Estas prácticas son esenciales para mantener la confianza y la efectividad en las interacciones sociales.

QUEJAS Y RECLAMOS

Es importante distinguir entre una queja y un reclamo. La queja es una expresión de insatisfacción que no genera cambios, mientras que el reclamo busca soluciones y reparación del daño. Un reclamo efectivo se orienta a encontrar soluciones y no a culpar a otros. Esto permite un espacio para el aprendizaje y la mejora continua.

PROCESO DE RECLAMO

1. *Preparación del reclamo.* Asegúrate de estar en un estado de ánimo adecuado y de tener claro el compromiso previo.
2. *Conducción de la conversación.* Inicia la conversación explicando el problema y cómo te afecta.
3. *Chequeo de la escucha.* Verifica que la otra persona comprenda y recuerde el compromiso previo.
4. *Declaración del reclamo.* Expresa claramente cómo la falta de cumplimiento te ha afectado y busca una solución conjunta.
5. *Generar un contexto adecuado.* Escoge el lugar y momento apropiados para la conversación.

OFRECER DISCULPAS

Las disculpas son una manera honorable de reconocer la imposibilidad de cumplir un compromiso. Es importante no solo conocer las definiciones, sino aplicar estos conceptos para mejorar nuestras relaciones y resultados.

FEEDFORWARD Y FEEDBACK

La eternidad. Una excelente definición de la eternidad es "sin tiempo". Cuando disfrutamos de algo, el tiempo parece volar, y esa es una forma de eternidad. Para muchos, la eternidad es simplemente mucho tiempo, pero en realidad es la ausencia de tiempo. Cuando estamos en momentos de dolor, el tiempo pasa lentamente, como si fuera eterno. Sin embargo, los modelos en los que Dios nos incluye son modelos de eternidad.

Cuando entendemos que el Señor está regresando y podemos vivir nuestras vidas sin preocupaciones, podemos afirmar algo con certeza: ganamos. El Señor Jesús está sentado en el trono celestial, reinando en victoria sobre toda potestad, intercediendo por nosotros, y está preparando un lugar para cada uno de nosotros. Entonces, deja de preocuparte y disfruta de cómo llegarás al futuro.

Uno de los problemas más serios del siglo pasado es que nos hicieron creer que venimos a la vida a descubrir quiénes somos, cuando en realidad venimos a la vida a elegir quiénes queremos ser. El mundo nos quiere hacer creer qué somos, mientras que Dios nos enseña qué estamos siendo. No somos un modelo terminado; estamos en constante construcción. Si tu sistema de pensamiento es "yo soy, yo hago, yo sé", probablemente serás un sabelotodo en un mundo que ya no existe.

Ahora, cuando dejamos de medirnos por lo que hacemos y comenzamos a medirnos por lo que nos comprometemos, la vida cambia. Como Moisés, después de cuarenta años, fuera de su propósito, se le apareció el Señor y le recordó su llamado. Moisés se presentó ante Dios y le preguntó: "¿Cómo te presento?". Dios le respondió: "Diles que Yo Soy".

En la cultura hebrea, el verbo "ser" o "estar" no existe; existe el "siendo". Dios le dijo a Moisés: "Tú estás siendo, y aunque eres imperfecto, no vas solo; vas conmigo, y yo soy".

El *feedback*, como herramienta, ha fracasado en gran parte porque se enfoca en el pasado. En un mundo tan cambiante como el de hoy, el *feedback* no sirve. Lo que necesitamos es el *feedforward*, un proceso que se enfoca en el futuro y en lo que queremos lograr. En el MÉTODOCC no solo observamos lo que ha pasado, sino que ayudamos a las personas a proyectarse hacia adelante.

EL *FEEDFORWARD* NOS CONECTA CON EL FUTURO

En lugar de centrarnos en lo que ya ocurrió, nos enfocamos en aprender de ello en relación con lo que queremos que ocurra. Esta herramienta es fundamental para mantener la visión y trabajar hacia el futuro. Es más productivo llevar a las personas a hacer lo correcto que demostrar que estaban equivocadas. El *feedback* negativo no trae bendición; el *feedforward*, en cambio, anticipa y prepara.

La Biblia nos muestra la importancia de dejar de hacer *feedback* y comenzar a hacer *feedforward*. En Levítico 6:12 se nos dice que el fuego encendido sobre el altar no se apagará. El sacerdote debía poner leña nueva cada mañana y remover las cenizas del holocausto. Este es un principio poderoso del *feedforward*: todo lo que fue fuego ayer, hoy son cenizas. Hay que remover las cenizas y poner leña nueva para mantener el fuego encendido. Pablo le dijo a Timoteo en 2 Timoteo 1:6: *Aviva el fuego del don de Dios que hay en ti*. Para mantener la llama encendida debemos sacar las cenizas del pasado y poner leños nuevos cada día. Esto aplica tanto en nuestra vida personal como en el *coaching*. Ayudar a otros a mantener la llama encendida implica trabajar con *feedforward*, enfocándonos en el futuro y en el propósito de Dios para sus vidas.

El *feedback* se centra en el pasado y en lo que ha ocurrido.

El *feedforward* se enfoca en el futuro y en el aprendizaje de lo que elegimos que pase.

Este enfoque nos permite mantener la llama encendida y vivir con propósito, conectándonos con el futuro que Dios tiene para nosotros. Al elegir el *feedforward* sacamos las cenizas del ayer y ponemos leños nuevos, permitiendo que el fuego del Espíritu Santo arda en nuestras vidas y en la de aquellos a quienes *coacheamos*.

> "La verdadera conversación no es simplemente una forma de expresión, es una forma de creación".
>
> —Héctor Teme

Tener conversaciones conducentes es un paso esencial en el camino hacia el éxito. Estas conversaciones te ayudan a construir puentes entre tu situación actual y tu visión futura. Recuerda siempre hablar desde la visión y comprometerte a que todas tus conversaciones te lleven hacia allí. Al final del día, las conversaciones que tienes contigo mismo, con los demás y con Dios determinarán en gran medida quién eres y quién puedes llegar a ser.

"No se trata solo de lo que dices, sino de cómo lo dices y con qué intención. Cada palabra, cada conversación, tiene el poder de transformar tu vida y la de los demás".

—Héctor Teme

PREGUNTAS DE DIAGNÓSTICO

1. ***¿Qué tipo de conversaciones has tenido recientemente y cómo crees que te han acercado o alejado de tu visión?***
    - » Esta pregunta permite evaluar si las conversaciones actuales del *coachee* están alineadas con su visión futura.
2. ***¿Con quiénes crees que deberías tener conversaciones importantes para avanzar hacia tu visión, y por qué no las has tenido aún?***
    - » Ayuda a identificar las personas clave con las que el *coachee* necesita hablar y las barreras que han impedido estas conversaciones.
3. ***¿Qué competencias comunicacionales crees que necesitas mejorar para tener conversaciones más efectivas?***
    - » Permite al *coachee* reflexionar sobre sus habilidades de comunicación y áreas de mejora.
4. ***¿Cómo han influido tus emociones en tus conversaciones recientes?*** *¿Crees que han sido beneficiosas o perjudiciales?*
    - » Evalúa el impacto de las emociones en la efectividad de las conversaciones del *coachee*.

5. ***¿Qué tipo de contexto conversacional sueles generar, y cómo crees que esto afecta tus interacciones?***

    » Explora cómo el *coachee* maneja los contextos conversacionales y el impacto de estos en sus interacciones.

PREGUNTAS DE *COACHING*

1. ***¿Cómo puedes estructurar tus conversaciones futuras para que estén alineadas con tu visión y te ayuden a avanzar hacia ella?***

    » Invita al *coachee* a planificar y estructurar sus conversaciones de manera que apoyen su visión futura.

2. ***¿Qué pasos concretos puedes tomar para mejorar tus competencias** comunicacionales y asegurar conversaciones más efectivas?*

    » Fomenta la identificación de acciones específicas que el *coachee* puede emprender para mejorar sus habilidades de comunicación.

3. ***¿Cómo puedes manejar tus emociones de manera que favorezcan conversaciones constructivas y conducentes?***

    » Motiva al *coachee* a desarrollar estrategias para gestionar sus emociones durante las conversaciones.

4. ***¿Qué preguntas podrías hacerte a ti mismo y a los demás para generar conversaciones más profundas y significativas?***
   - Ayuda al *coachee* a formular preguntas que promuevan la reflexión y el entendimiento en las conversaciones.
5. ***¿Cómo puedes crear contextos conversacionales que inspiren y motiven a los demás hacia un objetivo común?***
   - Promueve la creación de ambientes conversacionales que generen inspiración y motivación entre los participantes.

13

PASO 9: HAZ DECLARACIONES DE CONTINGENCIA (QUIEBRE)

AMA LOS PROBLEMAS Y TENDRÁS ÉXITO

En el noveno paso hacia el éxito entramos en el mundo de las declaraciones de contingencia, un concepto fundamental que nos prepara para los inevitables desafíos del camino. Este paso no se trata de evitar problemas, sino de anticipar situaciones que puedan surgir y prepararnos para enfrentarlas desde nuestra mejor versión. Cuando anticipamos contingencias, no solo nos preparamos para el futuro, sino que también aprendemos lo que nos falta para llegar a la visión que hemos elegido.

Muchas de las personas que entrenamos son líderes de grandes organizaciones y se han preparado durante años en las mejores carreras. Sin embargo, lo hicieron bajo el modelo de solucionadores de problemas. Ese enfoque funcionaba en el mundo de ayer, un mundo estático. Pero en un mundo de continuo cambio, de movimiento constante, ese modelo solo soluciona el problema de ayer, no el de mañana. Por eso vemos tantos líderes frustrados o desgastados por no poder llevar adelante un modelo extraordinario de crecimiento porque solo resuelven problemas.

Por eso les decimos en este punto: *deja de tratar de resolver un problema; agrándalo, ámalo. Deja de verlo desde el punto de vista de la solución.*

La gran mayoría de las personas enfrentan sus problemas tratando de solucionarlos mediante nuevas acciones, reaccionando con esfuerzo y, a menudo, con estrés. Aunque a veces logran una solución, este camino los deja con un sabor amargo por la vida. La verdad es que en la mayoría de las ocasiones no logran resolver sus problemas porque intentan hacerlo en el mismo nivel en el que estos se crearon. Aquí es donde se presenta una nueva manera de abordar los problemas. Si tienes un problema agrandado, no huyas de él; en su lugar, busca hacer aquello que te molesta, lo que aún no puedes resolver, todavía más grande. Al hacerlo, solo con herramientas más grandes y fuera de tu caja normal podrás solucionarlo. Es en este proceso que comienzan a surgir nuevas distinciones, nuevas percepciones y recursos previamente ocultos en tu interior, que te permitirán resolver el problema de ayer.

Agrandar el problema es, en esencia, ampliar la mirada: desde esa nueva perspectiva, el problema de ayer se vuelve más claro y manejable. Por ejemplo, si no tienes comida para dos, pregúntate: ¿cómo puedo conseguir comida para cuatro? Si necesitas duplicar tu red de clientes o miembros, esa expansión te llevará a pensar más en el otro y en soluciones innovadoras.

Aquí te presento cuatro distinciones para agrandar los problemas, no solo para solucionarlos, sino para que puedas ampliar tu superficie, crecer y aprender sobre la marcha.

1. *Logra el doble con la mitad.* Encuentra maneras eficientes de hacer más con menos recursos, optimizando cada acción.

2. *El camino del héroe.* Enfrenta tus desafíos con la mentalidad de un héroe, sabiendo que cada prueba te hace crecer y te fortalece.
3. *Conversaciones conducentes desde la nueva mirada y no desde los límites.* Fomenta diálogos que expandan tus posibilidades en lugar de restringirlas.
4. *Ten acciones poderosas y rompe con la inercia.* Toma decisiones audaces que te impulsen hacia adelante, superando la parálisis de la inercia.

Voluntad, fe y obediencia te sacarán de la caja en la que te encuentras y te colocarán en una nueva caja de posibilidades. Ampliar tu superficie te hará más poderoso que ser un simple solucionador de problemas, y eso se logra cuando los agrandas. Cada día enfrentamos problemas. Empieza a amarlos. Deja de simplemente buscar eliminarlos de tu vida. Deja de anhelar una vida sin problemas. El mundo es cada vez más complejo, y ser un simple solucionador de problemas ya no es suficiente. Debes convertirte en un *amador de problemas* y confiar en que ellos te harán más fuerte, te darán un mejor entendimiento y te proporcionarán esquemas de conciencia que en el nivel anterior no poseías. Amplía tu horizonte, amplía tu visión, y en ese proceso encontrarás no solo soluciones, sino una transformación profunda en tu ser.

DEBES CONVERTIRTE EN UN *AMADOR DE PROBLEMAS* Y CONFIAR EN QUE ELLOS TE HARÁN MÁS FUERTE, TE DARÁN UN MEJOR ENTENDIMIENTO Y TE PROPORCIONARÁN ESQUEMAS DE CONCIENCIA QUE EN EL NIVEL ANTERIOR NO POSEÍAS.

LA IMPORTANCIA DE DECLARAR CONTINGENCIAS

Dado que puedo amar los problemas en vez de ser un solucionador de problemas, puedo ser un ampliador de superficies. Debo aprender a declarar contingencias. Declarar contingencias implica diseñar un plan B y estar preparado ante cualquier circunstancia que pueda surgir. Es vital preguntarse: *¿Qué podría suceder en el camino? ¿Qué plan B debería tener?* La ausencia de un plan B puede llevarnos a excusas y justificaciones. Debemos evitar caer en la trampa de darle poder a las circunstancias externas y, en cambio, empoderarnos desde nuestro compromiso y disposición al aprendizaje.

EL ÉXITO ES CUANDO LA PREPARACIÓN Y LA OPORTUNIDAD SE ENCUENTRAN

Declarar contingencias no es ver problemas donde no los hay, ni quejarse antes de actuar. Se trata de diseñar posibles escenarios y, en ellos, identificar qué habilidades nos faltan, qué conversaciones debemos iniciar, qué acuerdos necesitamos hacer y qué debemos aprender para llegar a nuestra visión. Este enfoque nos permite anticipar y gestionar posibles obstáculos, transformando los desafíos en oportunidades de crecimiento y aprendizaje.

EL QUIEBRE COMO HERRAMIENTA DE TRANSFORMACIÓN

Aquí es donde el concepto de quiebre adquiere un papel crucial. Un quiebre no es simplemente un problema; es una interrupción que, cuando se maneja adecuadamente, puede ser una poderosa herramienta de transformación. Al declarar quiebres, reconocemos las interrupciones en nuestro camino hacia la visión y tomamos conciencia de las acciones necesarias para superarlas.

Debemos preguntarnos: *¿Qué está declarando el coachee? ¿Está hablando desde las excusas o está declarando un quiebre? ¿Reconoce la interrupción y toma acciones conscientes para superarla?* Identificar los juicios automáticos es esencial. *¿De dónde vienen estos juicios? ¿Provienen de él mismo, de la gente, de las circunstancias, de Dios, del adversario?* Saber la fuente de estos juicios nos permite manejarlos de manera efectiva.

"Un quiebre es una oportunidad disfrazada".

—Héctor Teme

RECURSOS Y RED DE APOYO

Enfrentar un quiebre a menudo requiere más que recursos propios; puede necesitar una red de apoyo. Reconocer esta necesidad es un signo de sabiduría y fortaleza, no de debilidad. *¿El coachee sabe que necesita apoyo? ¿Está dispuesto a buscar y aceptar esa ayuda?* La humildad y la apertura para recibir apoyo son esenciales en el camino hacia la visión.

APRENDER EN EL CAMINO

El proceso de declarar contingencias también nos enseña a aprender en el camino. Cada contingencia, cada quiebre, es una oportunidad para crecer y desarrollarnos. Nos permite evaluar nuestras acciones, ajustar nuestros planes y fortalecer nuestro compromiso con la visión. Este aprendizaje continuo es lo que nos permite avanzar, incluso en medio de los desafíos.

DECLARACIÓN DE QUIEBRE: UN ACTO LINGÜÍSTICO

La declaración de quiebre no es un diagnóstico de una situación, sino un acto declarativo. Es una herramienta que nos permite extraer aprendizaje de lo que nos sucede. No se trata solo de describir un problema, sino de declarar una interrupción que nos ayude a aprender y crecer.

> "La declaración de quiebre habita en uno, no en la situación. Es una declaración que me permite sacar aprendizaje de lo que me pasa". —Héctor Teme

EL PROCESO DE DECLARAR UN QUIEBRE

Al declarar un quiebre, trabajamos en varios niveles de aprendizaje. Un primer nivel es la capacitación, donde buscamos saber; el segundo nivel es el mentoreo, donde buscamos aplicar; y el tercer nivel es el *coaching*, donde buscamos entender. La declaración de quiebre trabaja en este tercer nivel, enfrentando los juicios maestros y las valoraciones que nos tienen atrapados.

EL QUIEBRE Y EL OBSERVADOR

El quiebre siempre habita en el observador. Como *coach*, es crucial preguntarse qué tipo de observador es el *coachee*, qué juicios tiene y por qué no puede salir de su quiebre. Cuando se declara un quiebre, aparecen juicios automáticos. Estos son defensas naturales del cerebro para adormecer el dolor y mantenernos en nuestra zona de confort.

> "La mente está diseñada para adormecer el dolor, por eso emite juicios automáticos. Pero debemos movernos rápidamente del juicio automático al compromiso previo". —Héctor Teme

PASOS PARA MANEJAR EL QUIEBRE

1. *Declarar el quiebre:* reconocer y nombrar la interrupción.
2. *Enfrentar juicios automáticos:* identificar y superar los juicios que surgen automáticamente.
3. *Revisar compromisos previos:* evaluar si los compromisos son realmente fuertes y válidos.
4. *Identificar recursos propios:* reconocer las capacidades y herramientas internas.
5. *Implementar una red de apoyo:* buscar ayuda y apoyo externo.
6. *Aprender del proceso:* reflexionar sobre lo aprendido y cómo aplicarlo en el futuro.

UN EJEMPLO DE DECLARACIÓN DE QUIEBRE

Supongamos que tienes la visión de mantener tu escritorio ordenado, pero lo encuentras constantemente desordenado. Declaras el quiebre y surgen juicios automáticos como "has estado trabajando todo el día, mereces descansar". Pregúntate si estás realmente comprometido con mantener el escritorio ordenado. Revisa tus recursos, busca apoyo si es necesario y reflexiona sobre lo aprendido.

> "La declaración de quiebre no es solo una acción, es un proceso continuo de aprendizaje y crecimiento".
>
> —Héctor Teme

La declaración de quiebre es una herramienta esencial en el *coaching* cristiano y en el MÉTODOCC. Nos permite enfrentar nuestras áreas de transparencia, aprender de nuestras interrupciones y seguir avanzando hacia nuestra visión. No es solo resolver problemas, sino transformarnos a través del aprendizaje continuo.

> "Los quiebres nos enseñan, nos fortalecen y nos preparan para un futuro extraordinario". —Héctor Teme

Al incorporar esta herramienta en tu vida y en tu práctica de *coaching* podrás ayudar a otros a descubrir su verdadero potencial y a caminar con confianza hacia su visión.

PREGUNTAS DE DIAGNÓSTICO

1. ***¿Qué problemas recurrentes encuentras en tu camino hacia tu visión y cómo has intentado resolverlos hasta ahora?***
   » Esta pregunta permite al *coachee* identificar patrones en los problemas que enfrenta y evaluar la efectividad de sus estrategias actuales.
2. ***¿Cuáles son las contingencias que has previsto en tu plan hacia la visión y cómo te has preparado para ellas?***
   » Explora la preparación del *coachee* para posibles desafíos y su capacidad para anticipar problemas.
3. ***¿Cómo reaccionas ante los quiebres o interrupciones inesperadas en tu camino hacia tus metas?***
   » Evalúa la reacción del *coachee* ante obstáculos y su capacidad para adaptarse.

4. ***¿Qué juicios automáticos sueles tener cuando enfrentas un problema o quiebre, y de dónde crees que provienen?***
   » Ayuda a identificar los juicios automáticos y su origen, lo cual puede limitar la capacidad del *coachee* para manejar quiebres.
5. ***¿Qué recursos internos y externos consideras que tienes a tu disposición para enfrentar los quiebres y contingencias?***
   » Permite al *coachee* reflexionar sobre los recursos disponibles y su disposición a utilizarlos.

PREGUNTAS DE *COACHING*

1. ***¿Cómo puedes agrandar un problema actual para descubrir nuevas oportunidades y soluciones que antes no habías considerado?***
   » Invita al *coachee* a cambiar su perspectiva sobre un problema y a buscar soluciones innovadoras.
2. ***¿Qué plan B puedes diseñar para una contingencia específica que podrías enfrentar en tu camino hacia tu visión?***
   » Fomenta la creación de estrategias alternativas para enfrentar posibles desafíos.
3. ***¿Qué declaraciones de quiebre puedes hacer hoy para transformar una interrupción en una oportunidad de aprendizaje y crecimiento?***
   » Motiva al *coachee* a declarar y manejar quiebres de manera constructiva.

4. ***¿Cómo puedes utilizar tu red de apoyo para superar un quiebre actual y avanzar hacia tu visión?***

    » Promueve la identificación y utilización de la red de apoyo del *coachee* para enfrentar desafíos.

5. ***¿Qué nuevas habilidades o conocimientos necesitas adquirir para estar mejor preparado ante futuras contingencias y quiebres?***

    » Ayuda al *coachee* a identificar áreas de desarrollo personal y profesional que pueden fortalecer su capacidad para manejar quiebres.

14

PASO 10: INCORPORA HABILIDADES

En el décimo paso del camino hacia el éxito es esencial incorporar habilidades nuevas. No puedes alcanzar una visión extraordinaria siendo la misma persona que eras antes. Cada objetivo requiere un conjunto específico de habilidades, y tu capacidad para adquirirlas determinará tu éxito.

> "Muchos quieren llegar a la visión extraordinaria siendo la misma persona que antes. Cuando no hay un compromiso serio con incorporar habilidades, aparecerán rápidamente sensaciones de angustia".
>
> —Héctor Teme (*Emociones que conducen al éxito*)

LA IMPORTANCIA DE INCORPORAR HABILIDADES

Si tu objetivo es correr un maratón, necesitas entrenar como un atleta. Si planeas abrir una gráfica, debes aprender a manejar las máquinas necesarias. Si tu visión es impartir el MÉTODOCC en inglés, necesitas un dominio excelente del idioma. Esto puede implicar estudiar, practicar y entrenarte profundamente, a menudo con la ayuda de un *coach*. Es crucial preguntarte si estás listo para perseverar e incorporar habilidades. En *Emociones que conducen al éxito* hablamos sobre líderes poderosos en la Biblia, los negocios o con talentos, pero que son controlados por sus emociones. Líderes que manejan bien una iglesia de mil miembros, pero fallan con diez mil miembros. La manera de ser que te sirvió ayer puede no ser suficiente para el nuevo nivel que aspiras alcanzar.

> "El desarrollo en incorporar habilidades nace de poder caminar visitando quién elijo ser, no luchando con quién no quiero ser".
>
> —Héctor y Laura Teme (*Logra lo extraordinario*)

FORTALEZAS VS. DEBILIDADES

En este punto, debes dejar de enfocarte en tus debilidades y empezar a potenciar tus fortalezas. Las herramientas de conversación, reflexión y exploración de los pasos anteriores deben ahora complementarse con herramientas de intervención. Estas herramientas se dividen en tres categorías dentro del FMT (Formación, Mentoreo, Transformación).

1. *Formación (Saber)*: adquirir el conocimiento necesario.
2. *Mentoreo (Aplicar)*: aplicar ese conocimiento con la guía de mentores.
3. *Transformación (Entender)*: entender y dominar completamente lo aprendido.

CAPACIDAD DE ACCIÓN EFECTIVA

En el MÉTODOCC definimos el poder como la capacidad de acción efectiva. Este concepto implica:

1. *Capacidad:* tener el conocimiento necesario.
2. *Aplicación:* poder aplicar ese conocimiento en la práctica.
3. *Entendimiento:* estar empoderado y ser capaz de hacerlo de manera natural y fluida.

La verdadera transformación solo ocurre en espacios de entendimiento profundo. No se trata solo de acumular conocimiento, sino de alcanzar la sabiduría, que es transformacional. Mientras que la inteligencia se relaciona con la formación, la sabiduría se relaciona con el entendimiento.

IDENTIFICANDO Y ADQUIRIENDO HABILIDADES

Lo que los exitosos hacen es identificar qué habilidades necesitan incorporar. Este proceso incluye evaluar su modelo interpretativo, su sistema de coherencia, su manera de observar, sus paradigmas y sus juicios maestros. Por ejemplo, en un entorno laboral, si se te asigna una nueva área que requiere destrezas que aún no tienes, debes adquirir esas destrezas rápidamente para mantener tu compromiso con el crecimiento dentro de la empresa.

COMPROMISO CON EL CRECIMIENTO

Incorporar habilidades requiere un compromiso serio con el crecimiento personal y profesional. Es un proceso continuo de aprendizaje y adaptación. No se trata solo de adquirir nuevas habilidades, sino de integrarlas y dominarlas hasta que se conviertan en parte de tu ser.

El camino hacia una visión extraordinaria está pavimentado con la adquisición de habilidades. Debes estar dispuesto a aprender, aplicar y entender nuevas destrezas. Este compromiso con el crecimiento te permitirá enfrentar quiebres con confianza y transformar desafíos en oportunidades.

> "El único lugar donde el éxito viene antes que el trabajo es en el diccionario".

Recuerda, la verdadera transformación no ocurre en la comodidad. Debes salir de tu zona de confort, enfrentar tus quiebres y trabajar arduamente para incorporar las habilidades necesarias para alcanzar tu visión. Al hacerlo no solo te acercarás a tu objetivo, sino que también te convertirás en la mejor versión de ti mismo.

PREGUNTAS DE DIAGNÓSTICO

1. ***¿Qué habilidades específicas necesitas adquirir para alcanzar tu visión extraordinaria?***
   - » Esta pregunta ayuda a identificar las habilidades concretas que el *coachee* necesita para avanzar hacia su objetivo.
2. ***¿Cuáles son tus fortalezas actuales y cómo pueden ser potenciadas para apoyarte en la adquisición de nuevas habilidades?***
   - » Permite explorar las fortalezas del *coachee* y cómo pueden ser utilizadas como base para el crecimiento.

3. ***¿Qué emociones o creencias limitantes has experimentado al intentar aprender nuevas habilidades en el pasado?***
   » Ayuda a identificar barreras emocionales o mentales que pueden haber dificultado el aprendizaje previo.

4. ***¿Cómo evalúas tu capacidad actual de acción efectiva en relación con tus metas?***
   » Evalúa la percepción del *coachee* sobre su capacidad para tomar acciones efectivas hacia sus objetivos.

5. ***¿Qué recursos (mentores, cursos, libros) has utilizado o podrías utilizar para adquirir las habilidades que necesitas?***
   » Permite al *coachee* reflexionar sobre los recursos disponibles y planificar su uso para el aprendizaje.

PREGUNTAS DE *COACHING*

1. ***¿Cómo puedes estructurar un plan de acción concreto para adquirir las habilidades necesarias para tu visión?***
   » Invita al *coachee* a diseñar un plan detallado para el aprendizaje de nuevas habilidades.

2. ***¿Qué pasos puedes tomar para salir de tu zona de confort y enfrentar los quiebres en el proceso de adquisición de habilidades?***

   » Motiva al *coachee* a identificar y tomar acciones para superar su zona de confort y manejar quiebres.

3. ***¿Cómo puedes integrar y aplicar de manera efectiva lo que aprendes para transformar tus conocimientos en sabiduría?***

   » Fomenta la reflexión sobre cómo aplicar el conocimiento adquirido de manera práctica y efectiva.

4. ***¿Qué estrategias puedes utilizar para mantenerte comprometido con el crecimiento personal y profesional continuo?***

   » Promueve la identificación de estrategias que mantengan al *coachee* enfocado y comprometido con su desarrollo.

5. ***¿Cómo puedes aprovechar tus fortalezas actuales para facilitar la adquisición de nuevas habilidades?***

   » Ayuda al *coachee* a utilizar sus fortalezas como base para aprender y desarrollar nuevas competencias.

15

PASO 11: REALIZA ACCIONES PODEROSAS

Q*ué maravilloso es poder ir hacia aquello que es nuestro propósito. Poder vivir la vida desde quiénes elegimos ser y no desde las circunstancias, o peor aún, desde quiénes fuimos.*

Esta técnica ha ayudado a cientos de miles de personas a ponerse de pie, reconciliarse con su futuro y aprender de su pasado. Cuando lo que viene es poderoso, no hay nada ni nadie que te detenga. Y aprender a hacerlo de una manera sistémica, paso a paso, te permite lograrlo. Pero hay un punto que no debes olvidar: si mañana repites el pasado, solo serás un continuo ayer.

Debes romper con la inercia y la comodidad, y no se hace de manera progresiva, se hace con todo. Para ello tienes que aprender no solo a generar acciones, sino a construir *acciones poderosas*. En este undécimo paso debes realizar acciones poderosas en lugar de pequeñas acciones. Esto significa que corras riesgos, que te distingas.

Cuando Pedro sacó el pie de la barca, el agua no se solidificó hasta que no puso el pie en el agua. A los esposos les decimos: "La primera acción poderosa que tienes que hacer al levantarte es mirar a ese bomboncito que Dios te dio y decirle: 'Te amo con todo mi corazón. Si ayer no logré demostrártelo, hoy tengo la gran oportunidad y lo voy a hacer'. Luego, deben repetirlo cada mañana". Las acciones poderosas no son aquellas sencillas y cotidianas. Cuando dejamos que lo cotidiano se vuelva una rutina que no implique desafío, la misma puede matar nuestro camino hacia la visión extraordinaria. Así que debes pensar hoy en qué acciones vas a realizar que te lleven directo hacia tu resultado extraordinario. *Son acciones diferentes, trascendentes, transformativas y nuevas.*

Lo que los exitosos hacen es ponerle toda la energía a algo extraordinario. No es ir de a poco. Es hacerlo más allá de tus propias fuerzas.

Los exitosos no hacen en términos de acciones ordinarias. Ellos saben que el éxito no llega por casualidad ni por la repetición monótona de actividades rutinarias. Para ellos, el camino hacia sus sueños está pavimentado con acciones poderosas y decisiones valientes. Vamos a ampliar estos conceptos para profundizar en cómo los exitosos transforman su pensamiento en una fuerza imparable.

LA MENTALIDAD DE LAS ACCIONES PODEROSAS

Los exitosos entienden que cada acción que realizan tiene un impacto significativo en su vida. No se contentan con hacer lo mínimo necesario; buscan siempre la excelencia y la superación personal. Para ellos, cada día es una nueva oportunidad para acercarse más a sus metas y propósitos.

1. *Rompiendo la inercia.* No se permiten quedarse estancados en la comodidad. Saben que la inercia es el enemigo

del progreso y que para avanzar es necesario romper con el pasado y con las rutinas que no generan crecimiento. Esto significa tomar decisiones audaces, enfrentarse a lo desconocido y asumir riesgos calculados.

2. *Visión y propósito*. Los exitosos tienen una visión clara de lo que quieren lograr. Esta visión les proporciona el propósito y la dirección necesarios para sus acciones poderosas. Cada decisión y cada movimiento están alineados con su visión, asegurándose de que cada paso que dan los acerque a sus objetivos.
3. *Acciones cotidianas y extraordinarias*. Entienden que las acciones poderosas no siempre son grandiosas o dramáticas. A menudo, son las pequeñas acciones cotidianas, realizadas con un alto nivel de compromiso y dedicación, las que producen los resultados más significativos. No subestiman el poder de lo sencillo y lo rutinario cuando se hace con intención y excelencia.
4. *Transformación continua*. Los exitosos buscan constantemente la mejora y la transformación. No se conforman con el *statu quo* y siempre están buscando maneras de superarse a sí mismos. Esta búsqueda continua de mejora es lo que les permite mantenerse por delante y seguir creciendo.

IMPLEMENTANDO ACCIONES PODEROSAS EN TU VIDA

Para seguir los pasos de los exitosos, es fundamental aprender a implementar acciones poderosas en tu propia vida. Aquí hay algunas estrategias clave para hacerlo:

Define tu visión

Dedica tiempo a reflexionar sobre lo que realmente quieres lograr. Define una visión clara y detallada de tu futuro. Esta visión será tu guía y te ayudará a mantener el enfoque y la motivación.

Toma decisiones audaces

No tengas miedo de salir de tu zona de confort. Toma decisiones audaces que te acerquen a tu visión. Esto puede significar cambiar de carrera, iniciar un nuevo proyecto o aprender una nueva habilidad.

Establece hábitos poderosos

Incorpora hábitos diarios que te impulsen hacia tus objetivos. Estos hábitos deben ser acciones simples pero efectivas que realices consistentemente. Por ejemplo, dedicar tiempo cada día a la lectura, el ejercicio o la planificación de tus metas.

Evalúa y ajusta

Revisa tus acciones y su impacto con regularidad. Evalúa lo que está funcionando y lo que no, y haz los ajustes necesarios. Mantén una mentalidad flexible y dispuesta a adaptarse a las circunstancias cambiantes.

Rodéate de influencias positivas. Busca rodearte de personas que te inspiren y te impulsen a ser mejor. La influencia de un entorno positivo y motivador puede hacer una gran diferencia en tu camino hacia el éxito.

Las acciones poderosas son el motor que impulsa a los exitosos hacia sus metas. No se trata solo de trabajar duro, sino de trabajar con propósito, dirección y valentía.

Al implementar estas estrategias en tu propia vida, puedes comenzar a realizar acciones poderosas que te llevarán hacia un futuro extraordinario. Recuerda, el éxito no es un destino, sino un viaje continuo de crecimiento y transformación.

RECUERDA, EL ÉXITO NO ES UN DESTINO, SINO UN VIAJE CONTINUO DE CRECIMIENTO Y TRANSFORMACIÓN.

PREGUNTAS DE DIAGNÓSTICO

1. ***¿Cuáles han sido las acciones más poderosas que has tomado hasta ahora para avanzar hacia tu visión y qué resultados has obtenido?***
   » Esta pregunta permite identificar acciones previas efectivas y evaluar su impacto en el progreso del *coachee*.
2. ***¿Qué acciones cotidianas realizas que podrían estar manteniéndote en tu zona de confort y limitando tu crecimiento?***
   » Ayuda a reconocer rutinas que no contribuyen al avance y pueden estar impidiendo el progreso.
3. ***¿Qué riesgos has evitado tomar en el pasado y cómo crees que eso ha afectado tu camino hacia tu visión?***
   » Explora la relación del *coachee* con el riesgo y cómo la evitación de este ha influido en su progreso.

4. ***¿Qué situaciones o desafíos actuales requieren una acción poderosa y transformadora?***
    » Identifica áreas actuales que necesitan acciones significativas para superar obstáculos y avanzar.
5. ***¿Cómo te sientes emocionalmente cuando piensas en tomar acciones poderosas y salir de tu zona de confort?***
    » Evalúa el estado emocional del *coachee* respecto a la toma de acciones audaces y su disposición a enfrentar el cambio.

PREGUNTAS DE *COACHING*

1. ***¿Cuál es la acción más audaz que puedes tomar hoy para acercarte a tu visión y cómo puedes prepararte para llevarla a cabo?***
    » Invita al *coachee* a identificar y planificar una acción audaz que tenga un impacto significativo en su progreso.
2. ***¿Qué acciones cotidianas puedes transformar en poderosas y cómo puedes asegurarte de realizarlas con compromiso y excelencia?***
    » Fomenta la reflexión sobre cómo convertir acciones diarias en poderosas mediante un mayor compromiso y dedicación.

3. ***¿Cómo puedes romper con la inercia actual y qué pasos concretos puedes tomar para generar un cambio transformador?***

    » Motiva al *coachee* a identificar y tomar acciones concretas que rompan con su rutina y generen cambios significativos.

4. ***¿Qué decisiones audaces puedes tomar en las próximas semanas para salir de tu zona de confort y avanzar hacia tu visión?***

    » Ayuda al *coachee* a planificar decisiones audaces que les permitan enfrentar su zona de confort y avanzar hacia sus metas.

5. ***¿Cómo puedes medir y evaluar el impacto de las acciones poderosas que realices para asegurarte de que te están acercando a tu visión?***

    » Promueve la identificación de métricas y métodos de evaluación para medir el impacto de las acciones poderosas en el progreso hacia la visión.

16

PASO 12: MIDE LOS LOGROS, LAS METAS Y LOS RESULTADOS

En el duodécimo paso debes realizar la medición de los logros, las metas y los resultados en el aprendizaje. Mides los logros porque quizá no llegues al resultado, pero tus brazos estarán más fuertes. Empiezas a hablar diferente, miras la meta que está cuantificada y analizas lo que te faltó.

Si la lograste, mide el resultado y el nivel de gestión. Cuando llegues, debes considerar si lo hiciste con una manera de ser poderosa y, lo más importante, mide el espacio de aprendizaje. ***¿Qué aprendiste?*** Si subiste mucho y no aprendiste nada, sufriste en vano.

Dios no quiere que sufras. Dios quiere que aprendas y que vayas en busca de lo extraordinario, y que aquí generes un espacio de aprendizaje.

Uno de los problemas más serios de los cristianos es que no pueden medir. Pero es tiempo de poner medidores. Llegué a la visión, ***¿qué logré?*** No mido solo un resultado, mido logro, mido relación, mido comprensión, mido sistema, reviso mi aprendizaje. Cuando entiendo que vivo en un modelo de aprendizaje constante, ese es el momento que me permite ir por grandes cosas. Es el momento que me va a permitir poder crecer de manera continua.

Esta es la Técnica de la Cocreatividad en sus 12 pasos constantes, continuos, que son los que usamos en un proceso de *coaching*. Creemos poderosamente en la técnica. Sabemos que Dios ha bendecido este espacio. Vemos a la gente crecer y alinearse con la voluntad de Dios, más allá de simplemente declarar quiebres o trabajar cuatro etapas y siete pasos. Esta técnica nos ha ayudado a no solamente ayudar al *coachee* a ir por un diseño, sino por un propósito. Que cuando va por el propósito disfrute su caminar y que pueda relacionarse con otros y que Dios pueda trabajar en su vida como nunca antes.

La Técnica de la Cocreatividad nos va a ayudar a entender que sin Cristo en medio de nuestras vidas nada podemos hacer, que debemos diseñar una visión poderosa, que a esa visión poderosa hay que declararle el compromiso, que tengo que revisar que tenga que ver con mi misión y la unción de Dios sobre mi vida, que tengo que ver si la observación que tengo está relacionada con la visión, que tengo que trabajar mi modelo mental, que tengo que revisar mis juicios maestros, que necesito tener observaciones agudas conforme a la visión y conforme a los detalles desde ella misma. Tengo que empezar a trabajar conversaciones conducentes, tengo que declarar las contingencias para estar preparado, tengo que ver cuáles son las habilidades que tengo que incorporar, tengo que desarrollar acciones poderosas y vivir en un espacio de aprendizaje, en una medición constante del logro y la meta.

¡Salgamos al mundo a mostrarle a la gente que ser cristiano es lo mejor que les puede suceder!

17

MÁXIMA PRODUCTIVIDAD

Si solamente te dedicas a generar el hábito de llevar la Técnica de Cocreatividad a tu vida cotidiana, seguro serás de los *exitosos que hacen*. ¿Cómo hacer que todo lo que logres no se diluya?

En conclusión, entendamos que el éxito no debe ser nuestro trabajo cotidiano, sino nuestro modo diario de productividad. Hablemos de "productividad" y analicemos la palabra "producción". La primera vez que aparece en las Escrituras es en el paraíso. "Producidas", dice la palabra. Tanto la tierra como el hombre estaban dispuestos para producir, y lo interesante es que la palabra "trabajo" aparece recién después de la caída. Desde la mirada de Dios, hay una diferencia interesante entre producir y trabajar. Trabajar, con el sudor de tu frente tiene que ver con tus acciones, mientras que producir tiene mucho que ver con el ser más que con el hacer. Hay leyes que nos ayudan a entender el concepto de la máxima productividad. Para algunos de nosotros, la máxima productividad es simplemente productividad. Sin embargo, para muchos, es una manera de ser y de entender ciertos procesos desde el estiramiento.

Creemos que con Dios, absolutamente todo lo que te propongas, conforme a su voluntad, se puede lograr. Dios no necesita de ninguno de nosotros para hacer nada. El universo se mueve con su palabra y su respiro. Las estrellas caminan y se desarrollan.

Cada uno de nosotros tiene el inmenso privilegio de formar parte del plan de Dios, de ser parte de su obra. No porque nos necesite, sino porque nos da la oportunidad de comprender la profundidad del concepto de la producción. Producir no es simplemente *acciones que buscan un resultado,* sino *una manera de ser que pone en acción.* Hay quienes creen que debemos ir por resultados, pero *los resultados sin transformación no alcanzan, y la transformación sin resultados es efímera.* Buscamos que haya transformación y resultados sostenibles. Esto se sostiene con máxima productividad. Si solo desarrollamos acciones, pueden ser efímeras. Si solo crecemos espiritualmente y no lo aplicamos en cada área de nuestra vida, no nos alcanzará. Cuando ambas cosas suceden, empieza a pasar algo poderoso en la vida cotidiana. ¿Cómo nos damos cuenta? Cuando tenemos personas que van hacia el futuro, pero no lo hacen como si fuera un trabajo doloroso, sino en un lugar de máxima productividad.

SI SOLO CRECEMOS ESPIRITUALMENTE Y NO LO APLICAMOS EN CADA ÁREA DE NUESTRA VIDA, NO NOS ALCANZARÁ.

El resultado extraordinario no es visto como trabajo máximo, sino como productividad máxima. Los exitosos entienden la diferencia entre trabajar y producir desde el punto de vista de Dios.

LA DIFERENCIA ENTRE TRABAJAR Y PRODUCIR

Los exitosos no solo entienden el trabajo como acciones cotidianas en donde debemos motivarnos. La motivación es una fuerza externa que mueve algo o alguien de un lugar a otro, pero cuando desaparece, también desaparece el movimiento. No necesitamos motivación, sino involucramiento. Cada uno debe asumir su rol y decir "yo soy el líder", independientemente de las condiciones.

Un líder productivo influye cada día con su lenguaje generativo y se dedica a producir.

Dios le dijo a Adán que se enseñoreara y planteó ese gobierno de producción. Ver personas potenciadas, como nuestros hijos, es verlos producir y crecer. El esfuerzo máximo es clave para llegar a la máxima productividad. Primero necesitamos ejercitar el músculo de la extrema productividad. *¿Cómo logro el doble con la mitad del tiempo?* Preguntas como esta nos ayudan a estirar este músculo. Todo el equipo debe estar en ejercicio y estiramiento. Necesitamos entender la diferencia entre trabajar o producir, la diferencia entre cocrear con Dios o simplemente reaccionar a circunstancias.

EJERCITAR EL MÚSCULO DE LA VISIÓN

La visión debe ejercitarse como un músculo. Buscamos el doble de productividad con la mitad de recursos. Esto crea tensión creativa y permite llegar más lejos. Debemos mantener la Palabra de Dios en nuestra mente y ejercitar el músculo de la visión. La dilución es rápida en un mundo en constante cambio, y solo la extrema productividad puede contrarrestarla. Necesitamos foco en la extrema productividad. Los líderes exitosos no tienen una visión de 180 grados, sino de 30. Es crucial saber con exactitud a dónde queremos ir y con quién. No somos lo que hacemos, sino lo que somos. Debemos enfocarnos en nuestras convicciones y producir.

ESTIRAMIENTO Y ENFOQUE EN LA MÁXIMA PRODUCTIVIDAD

Cuantificar por el doble saca lo mejor y lo peor de nosotros, y nos lleva a reconocer nuestros compromisos y caminar bajo el contexto de la Técnica de la Cocreatividad.

Esto implica tener conversaciones poderosas y acciones conducentes al logro. Necesitamos habilidades incorporadas para entrar en el terreno de la producción y la máxima productividad. Entrar en alineación con el diseño de Dios nos permite producir desde su perspectiva. Cristo nos devolvió la posibilidad de salir del trabajo en el que fuimos llevados luego de la salida del paraíso y vivir en el contexto del producir.

Como productores poderosos, la bendición de Dios se derrama a través de nosotros. Necesitamos saber con exactitud qué habilidades incorporar y cómo desarrollarnos para ser parte de su obra. Para poner el foco en la extrema productividad, debemos seguir estos siete pasos:

1. *Dedícate uno a uno.* Enfócate en los desafíos inmediatos y no te preocupes por la meta final. Ocúpate del estiramiento diario.
2. *Persevera.* Mantente adherido a tus compromisos y persevera en la oración y el esfuerzo.
3. *No escuches las sirenas.* No te distraigas con las voces que tiran para abajo. Mantén tu enfoque en la máxima productividad.

4. *Si fracasaste, hazlo de nuevo.* No te detengas ante el error. Sigue intentándolo hasta alcanzar el éxito.
5. *Haz cosas nuevas.* Renueva tu enfoque y busca maneras refrescantes de hacer las cosas.
6. *Equipa a tu gente en sus fortalezas.* Ayuda a tu equipo a desarrollar sus fortalezas en lugar de perseguir sus debilidades.
7. *Habla desde tu visión.* Mantén siempre en mente y en boca tu visión de máxima productividad.

Estos pasos te ayudarán a gestionar, trabajar y producir con máxima productividad de manera poderosa. Ser un líder visionario y productivo implica estirarse y ejercitarse constantemente, lo que te llevará a logros extraordinarios y a una vida en alineación con el diseño de Dios.

Disfruta de vivir con Dios y en su plan, de ser testimonio de su grandeza. De poder reflejar su gloria en tu caminar. Y no le tengas miedo al futuro. Ve por él con una mirada poderosa y verás a través de la Técnica de la Cocreatividad cómo Dios será tu guía, tu centro, tu luz.

PREGUNTAS DE DIAGNÓSTICO

1. ***¿Cómo defines actualmente la diferencia entre trabajar y producir en tu vida cotidiana?***

   » Esta pregunta ayuda a evaluar cómo el *coachee* percibe y entiende la diferencia entre trabajo y producción.

2. ***¿Qué acciones específicas realizas actualmente que sientes que no están alineadas con tu visión de máxima productividad?***
   » Permite identificar acciones que podrían estar restando eficiencia y productividad al *coachee*.
3. ***¿Cuáles son tus principales fuentes de distracción que te alejan de la máxima productividad?***
   » Ayuda a reconocer factores externos e internos que afectan la capacidad de enfocarse y ser productivo.
4. ***¿En qué áreas de tu vida has visto una dilución de tus logros y qué crees que la ha causado?***
   » Identifica áreas donde los resultados no se han sostenido y explora las posibles causas.
5. ***¿Qué habilidades o recursos sientes que te faltan para alcanzar una mayor productividad y cómo planeas adquirirlos?***
   » Evalúa las habilidades necesarias que aún no han sido desarrolladas y cómo el *coachee* planea adquirirlas.

PREGUNTAS DE *COACHING*

1. ***¿Qué acciones concretas puedes tomar hoy para transformar tu enfoque de trabajo en producción desde la perspectiva de Dios?***
   » Invita al *coachee* a identificar acciones específicas que alineen su trabajo con una mentalidad de producción divina.

2. ***¿Cómo puedes ejercitar el "músculo de la visión" para mantenerte enfocado en la máxima productividad a diario?***
   » Motiva al *coachee* a desarrollar y mantener una visión clara y enfocada en sus objetivos diarios.
3. ***¿Qué pasos puedes seguir para duplicar tu productividad utilizando la mitad de los recursos actuales?***
   » Fomenta la creatividad y la eficiencia en el uso de recursos para maximizar la productividad.
4. ***¿Cómo puedes incorporar la Técnica de*** *Cocreatividad en tus rutinas diarias para asegurar que cada acción te acerque a tu visión?*
   » Ayuda al *coachee* a integrar sistemáticamente la Técnica de Cocreatividad en su vida cotidiana.
5. ***¿De qué manera puedes fortalecer a tu equipo potenciando sus fortalezas,*** *y cómo esto impactará en tu máxima productividad?*
   » Promueve el desarrollo del equipo a través de sus fortalezas, alineando su crecimiento con la productividad general.